丛书主编 ● 张卫光 尹丽君 陆云泉 王建忠

海淀教育
名校名家丛书

爱在六一
从马背摇篮到儿童乐园

刘 燕 曹雪梅 等 ◎ 著

北京师范大学出版集团
BEIJING NORMAL UNIVERSITY PUBLISHING GROUP
北京师范大学出版社

图书在版编目（CIP）数据

爱在六一：从马背摇篮到儿童乐园 / 刘燕，曹雪梅等著.—北京：北京师范大学出版社，2016.6
（海淀教育名校名家丛书）
ISBN 978-7-303-20277-5

Ⅰ.①爱…　Ⅱ.①刘…　Ⅲ.①幼儿园—教学经验—北京市　Ⅳ.①G612

中国版本图书馆 CIP 数据核字（2016）第 080272 号

营 销 中 心 电 话	010-58802181　58802123
北师大出版社高等教育教材网	http://gaojiao.bnup.com
电 子 信 箱	gaojiao@bnupg.com

出版发行：北京师范大学出版社　www.bnup.com
　　　　　北京市海淀区新街口外大街 19 号
　　　　　邮政编码：100875
印　　刷：大厂回族自治县正兴印务有限公司
经　　销：全国新华书店
开　　本：787 mm×1092 mm　1 / 16
印　　张：14.5
字　　数：237 千字
版　　次：2016 年 6 月第 1 版
印　　次：2016 年 6 月第 1 次印刷
定　　价：42.00 元

策划编辑：齐　琳	责任编辑：齐　琳　李会静
美术编辑：焦　丽	装帧设计：北京轻舟教育咨询有限公司
责任校对：陈　民	责任印制：陈　涛

成长中的教育家

顾明远题

海淀教育名校名家丛书

主　　　编：张卫光　尹丽君　陆云泉　王建忠

副 主 编：乔　键　甘丽平　杜荣贞　李　航　王　方

　　　　　　张彦祥　赵建国　罗　滨

执行副主编：陈　岩

编　　　委：（按姓氏笔画排序）

于　文　王　钢　王　铮　王殿军　尹　超

田　琳　冯　华　刘　畅　刘　燕　刘可钦

刘彭芝　许培军　李希贵　杨　刚　杨宝玲

吴建民　汪志广　沈　杰　宋　清　宋继东

陈　姗　林卫民　郑佳珍　郑瑞芳　单晓梅

赵璐玫　胡剑光　郭　涵　曹雪梅　雷海环

窦桂梅

本 册 作 者：刘　燕　曹雪梅　等

总　序

《国家中长期教育改革和发展规划纲要(2010-2020年)》中明确提出："鼓励教师和校长在实践中大胆探索，创新教育思想、教育模式和教育方法，形成教学特色和办学风格，造就一批教育家，倡导教育家办学。大力表彰和宣传模范教师的先进事迹。"

为贯彻实施党的十八大精神，"办让人民满意的教育"，更好总结、积淀、提升海淀区名校名家办学的先进理念，北京市海淀区教育工作委员会，北京师范大学出版社以海淀区名校、名校长教育教学改革成果及教育管理理念为基础，精心建设海淀区"名校名家"精品文库，就是现在呈现于读者眼前的这套"海淀教育名校名家丛书"。

这些学校，有的是著名大学的附属学校，有的是从延安过来的有着光荣革命传统的学校。但学校不是有一个名分就能成为名校的，这些名校有着悠久的历史传统，在历任校长、师生的共同耕耘下，办出特色、办出成绩，创造了新鲜的经验，在全国乃至国际上享有良好声誉，这才成为现在的所谓名校。在创造名校的过程中，校长无疑起到不可替代的作用。作为优秀校长，他们用先进理念和管理才能，带领全校教师，为一个共同愿景而努力。本套丛书正是聚焦这样一批名校长，近距离观察他们是如何在教育海洋中破浪前进的。

这些校长个性迥异、各有经历、办学思路也不尽相同，但共同的是在各自的学校创造了一段教育的传奇。他们是所在名校的灵魂，他们的言传身教，时时刻刻引领着教师和学生的发展。这些校长共有的特质是专业知识扎实，具有深厚的人文底蕴。他们具有灼热的教育情怀和教育激情；他们富有童心并热爱儿童；他们淡泊明志、宁静致远，以教书育人来体现他们的人生价值。

这套丛书并没有展现波澜壮阔的历史、恢宏博大的叙事，也没有解读深奥莫测的理论、长篇累牍的范例，而是讲述这些名校长们在日常管理和教学方面的一件件小事，通过短篇故事形式，娓娓道来，让读者去品味和欣赏。

在这套丛书里，我还看到了海淀教育趋于成形的大器，海淀教育秉承"红色传统、金色品牌、绿色发展"的三色理念，坚持党的教育方针，以优秀传统为基础，以现代教育观念为先导，引领时代风气之先，坚持鲜明的价值追求，增强改革创新的意识，提升可持续发展的能力，从而涌现出一批各具特色的教育品牌。

解读海淀教育，形成海淀教育大印象，让海淀基础教育名校名家载入中国教育发展的史册。

是为序。

2014 年 3 月 27 日

引 言

马背摇篮，儿童乐园

或许是因为六月一日国际儿童节的缘故，很多城市都有以"六一"命名的幼儿园。虽然"幼儿院"跟"幼儿园"仅有一字之差，但是说起北京市六一幼儿院这所著名的幼儿园，这所独特的院子，它不仅历史积淀厚重，而且在中国幼教事业中的地位可谓是举足轻重。

北京市六一幼儿院的前身是延安第二保育院。

1944 年秋，抗日战争胜利前夕，延安大批干部急需奔赴前线，参加对日总反攻和保卫抗日战争胜利果实的战争。为了使部分有孩子的干部能安心去前方打仗，为了更好地抚育革命烈士的幼小遗孤，中央决定筹建延安第二保育院。在朱德总司令的亲切关怀下，由当时任儿童保育委员会副主任的康克清同志指导筹建工作。1945 年 6 月 1 日，延安第二保育院在延安城北小砭沟半山腰的窑洞里诞生了。

1946 年 11 月，延安第二保育院奉命转移，经历了四次长途跋涉，历时两年零十个月，全部行程 1670 千米。他们翻过许多险山，穿过无数原野，走过人迹罕至的荒僻小路，通过敌人层层封锁，多次遭到敌机扫射、轰炸……尽管一步一个困难，时刻都有危险，但全院人员发扬了"大人在，孩子在；大人不在，孩子也要在"的无私奉献精神，保护了所有孩子的安全，创造了历史的奇迹。

1949 年 9 月，延安第二保育院历尽艰辛，终于来到了北京。1950 年，迁址北京的延安第二保育院被教育部正式命名为"北京市六一幼儿院"。

起源于延安第二保育院的北京市六一幼儿院，不仅历史厚重，而且"六一"的爱，也厚重到以生命来捍卫责任，创造奇迹。这个曾经守候和呵护了许多革命后代的"马背摇篮"，是革命的摇篮。

"一切为了孩子"的光荣传统，"生命捍卫责任"的崇高精神，从战火纷飞的年代一直延续至今。正如第七任院长所说："我们曾走过烽火硝烟，穿梭于枪林弹雨，是革命的理想召唤着我们奋勇前行！我们又适逢盛世繁华，沐浴改革的春风，是教育的使命激励着我们再接再厉！"

近年来，六一人齐心所向，始终如一，传承了"一切为了孩子""无私奉献"的延安精神，形成了"以爱为本、以德为先""专心于爱、专注于教"的和谐文化，建成了以"保教合一"为核心的"养成教育"特色教育体系。把教育融入生活之中，关注日常生活所给予幼儿的各种发展契机与潜能，关注幼儿日常生活中的种种价值与意义，关注幼儿在日常生活中每一个习惯的培养和养成。在继承和发扬优秀独特的"养成教育"传统中，北京市六一幼儿院先后经历了以"幼儿一日生活顺序"为标志的萌芽期，以"幼儿一日生活常规"为代表的理论形成期，走入了"三个转变"与"三个关注"的创新发展期。时至今日，北京市六一幼儿院建立起内涵丰富、科学有序的养成教育特色体系，并取得了丰硕的成果。学校先后出版《幼儿一日生活常规》《根深方叶茂——幼儿养成教育经验荟萃》《专心于爱 专心于教——北京市六一幼儿院教学经验汇编》(小中大班、早教）等园本课程书籍，赢得幼教同仁及专家领导的认可。

目前，北京市六一幼儿院已形成一园三址的办园规模。本院玉泉山院区占地面积 7 万平方米，建筑面积近 1.7 万平方米，设有独立的小班楼、中班楼、大班楼及办公楼，共有 21 个教学班，学生近 800 名；西山庭院院区占地面积 3100 多平方米，建筑面积 2500 平方米，有 7 个教学班，学生近 200 名；西三旗院区，是一所拥有 12 个教学班，集先进教育理念及软硬件设施为一体的高品质幼儿园，占地面积 4200 平方米，建筑面积 3400 平方米。北京市六一幼儿院拥有在职在编教职工 105 人，近 85% 的教师达到本科以上学历，北京市骨干教师 3 人，海淀区学科带头人 4 人，海淀区骨干教师 8 人，院级骨干教师 20 人。北京市六一幼儿院是北京市首批认定的一级一类示范幼儿园，首批《幼儿园教育指导纲要（试行）》试点园，北京市社区儿童早期教育示范基地，北京市"食品卫生 A 级"单位，北京教育科学研究院基础教育科学研究所实验幼儿园，2014 年更是被评为"全国三八红旗集体"。北京市六一幼儿院先后参与"八五""九五""十五""十一五"国家、北京市、海淀区等各级各类课题的研究，其独立申报的"区域活动中渗透幼儿心理健康教育的研究"已被批准为北京市"十二五"课题。北京市六一幼儿院还承接了海淀区学前教育干部教师培训、北京市学前教育教师培养与海淀区第七互助小组组长管理的工作，发挥着北京市六一幼儿院作为北京市首批示范园的引领、示范和辐射作用。

北京市六一幼儿院在七十年的发展中传承着"马背摇

篮"保育幼儿生命和安全的精神，积累了丰富的寄宿制幼儿园的教育和保育经验，与其他幼儿园一样，我们有着共同的培养目标：一切为了孩子。作为一所全寄宿制的幼儿园，北京市六一幼儿院也有独特的地方，寄宿的特点决定了其"保教合一"的办院特色。近年来，北京市六一幼儿院将科技创安与人防相结合，严格把关幼儿的日常生活作息，落实幼儿卫生保健及营养膳食等工作，在院幼儿身体健康，体能发展良好，赢得幼教同仁、专家领导和家长的认可，获得了良好的口碑。

近年来，北京市六一幼儿院探索创新"以儿童发展为本"理念指导下的教育实践之路，提出了"敬业为根、专业立本、发展六一、成就自我"的队伍建设理念，并围绕幼儿院保育、教育、环境等三大板块制订了三个发展计划，即珍藏宝藏计划、专业成长计划、环境打造计划。我们相信，"三大计划"的落实必将进一步提升学校教育的品质，给幼儿带来愉快丰富的成长体验。

深厚的历史积淀和文化内涵赋予六一人大气严谨的工作风格。敬业、专业的师资队伍和与时俱进的教育理念又使"六一"朝气蓬勃、人文日新。几十年来，一代代六一人不懈耕耘，收获着幼教事业的经验与成长，也探索着未来可持续发展的目标与方向。

本书记录的就是发生在这所饱含爱心与教育专业精神的"院子"内外的故事。

目 录 爱在六一
从马背摇篮到儿童乐园

第一章

缔造传奇

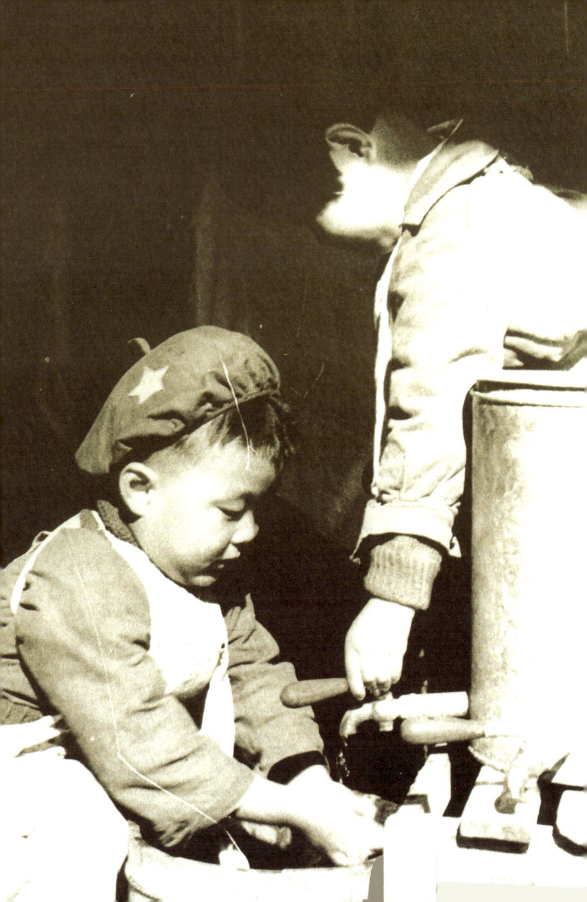

摇篮啊摇篮，

马背上的摇篮，

这支革命摇篮呵，

在风雨和战火中摇荡；

这支革命摇篮曲呵，

用丹心谱写歌唱，

日月的光辉照耀这篮儿闪光亮，

神圣的使命赋予这曲儿悠扬、雄壮。

它们诞生的圣地和艰难曲折的经历呵，

我们永远难忘！

伴随着悠悠的《马背摇篮》之曲，北京市六一幼儿院（以下简称六一幼儿院）的光辉历史展现在世人眼前……

/ 一 / 宝塔山下的革命摇篮

延安建院

在二万五千里长征时，革命者无法抚育自己的幼小子女，只能把孩子送给老乡或请老乡代养。后来有了革命根据地，党中央认为，无论有多大的困难，也要把革命后代培养好。因此，党中央陆续在根据地办保育院，而且要求办好，这是革命的需要。

1944年秋，抗日战争胜利前夕，延安大批干部奔赴前线。有一部分干部有幼小的子女，他们去前线参战，显然不宜带着孩子去；若是将孩子寄养在老百姓家里，也有许多的困难。为了使这部分干部能安心去前方打仗，也为了更好地抚育从敌后辗转送到延安的革命烈士的幼小遗孤，党中央决定将这些孩子的抚养和教育都承担起来。因此，党中央决定在延安再筹建一所保育院——延安第二保育院。

创办延安第二保育院的经费由晋绥、晋冀鲁豫、晋察冀、华中、山东等几个解放区捐助。周恩来知道这个情况后，尽量节省大后方的活动经费，又捐助了一部分。延安第二保育院的日常开支，由陕甘宁边区财政厅供给。延安第二保育院行政上归中央军委总政治部、组织部领导；业务上由中国解放区儿童保育委员会委托康克清同志指导；孩子入托则由中共中央组织部行政处批准，介绍入院。

为了筹建延安第二保育院，朱德总司令和康克清同志不仅对建院工作做了重要指示，而且亲自察看地形，为保育院选择理想的地址，最后，选中了延安城北枣园川南面的小砭沟。那里从早到晚，阳光十分充足，离水源近，空气清新，自然环境适合孩子的成长，而且靠近党中央机关，就在党中央的身边。院址选定后，工作人员当年就在那里打窑洞，第二年2月开始制作小床、小桌子、小椅子、洗脸架等家具，并想方设法到敌占区去购买儿童玩具及各种必要的物品，保育员也陆续来院报到。

1945年夏季，党的第七次代表大会一闭幕，抗日总反攻的号角吹响了，延安的广大干部大批奔赴前线。为了适应革命形势的急速发展，1945年6月1日，延安第二保育院诞生了。这些革命的幼苗，虽然离开了自己的亲生父母，但他们将在党的怀抱里，在保育院这个革命的摇篮里，幸福地生活，茁壮地成长。

　　"一切为了革命，一切为了孩子"，这是六一人从保育院成立那天起就坚守的革命信念。保育院的任务是把孩子培养成为革命接班人；办保育院的方针是康克清提出的"保教合一，教养并重，保中有教，教中有保"。为了更好地实现这样的办院方针，党中央派张炽昌同志任第一任院长。

革命后代谁来培养

一攻思想关

　　作为六一幼儿院奠基人的张炽昌院长，是一位带过兵、打过仗、在军事机关工作过的军人，经党组织分配到延安第二保育院工作。虽然建院初期遇到种种困难，但是张院长的办院指导思想很明确，他常说："这些孩子都是革命的生力军，20年后他们中间会出现各条战线上的骨干……"为了培养和保护好这些"未来的革命骨干"，张院长非常清楚，要想让这些初来保育院工作的人员做好工作，那就必须先做好每一个工作人员的思想工作，要用毛泽东思想提高全体工作人员的政治觉悟、思想水平和工作责任心，而且最主要的是，要让大家明确保育工作和革命事业的密切关系，发挥每个人的积极性和创造性。

　　在建院初期，张院长针对同志们一心想上前线杀敌人，不安心保育院工作的思想，用一堂生动的政治课，教育引导保育员安心工作。今天仍健在的延安第二保育院的老人还记得，那堂政治课的题目是"革命后代要不要培养？谁来培养？"当张院长宣布了政治课的题目后，年轻的保育员见院长张炽昌是位青年军人，又是单身汉，不明白他为什么会到保育院来，就直截了当地问他："你安心保育工作吗？你不想上前线吗？"张院长坦诚地回答："我是个军人，是扛机关枪的，我又是个单身汉，很小就出来了，对孩子的事一点儿不懂，也没有学过教育。我不安心，我也想上前线，但革命需要，组织分配，就应该服从。我是服从组织分配来到保育院的。既然来了，就要安心。只要我在保育院一天，就安心一天，就和同志们钻研我们不懂不会的保育工作一天。"他对工作人员的要求很明确："不要求你们终身做保育工作，但为了培养革命后代，在保育院一天，就要安心一天，这是革命者对革命的保育工作应有的态度。"年轻的保育员又说："我们不会，做不好保育工作。"张院长却信心十足地说："我相信一切事业都是人创造出来的。共产党人就是在做前人没有做过的事情。为了革命，为了孩子，不会就在实践中学，不懂就在实践中钻，边干边学，边学边干。"

接下来，张院长又给大家分析了当前的革命形势："现在，党要派大批干部上前方去保卫革命的胜利果实，他们有丰富的革命斗争经验，我相信他们一定会胜利，也相信大家一定会坚决支持他们去战斗。可是，他们中有的是有孩子的，怎么办呢？是让他们带孩子，我们上前线，还是我们带孩子，让他们上前线？"保育员们都清楚，自己年轻，缺乏革命经验，到前线是完不成艰巨任务的，他们再次沉默了。

张院长传达了朱德总司令的指示："前方工作是革命工作，后方工作也是革命工作，培养革命后代同样是革命工作。革命工作有分工嘛！"张院长接着说："凡是革命需要的工作都是革命工作。过去给地主老财当老妈子，看孩子，那是受反动统治阶级的剥削和压迫，他们不把我们当人看待。现在我们是为了抗日，为了革命而做保育工作，我们应该怎么办？"

这群刚才还低头不语的保育员们，转而群情激奋，纷纷表示："我们来带孩子，让孩子的父母上前线去！""我们一定要为革命带好孩子，让孩子们的父母无牵无挂地上前线，保卫抗战胜利果实。"思想疙瘩解开了，认识了革命保育工作的重要意义，带好孩子就是干革命。

朱德总司令对延安第二保育院一直非常关心，选定保育院院址后，他和康克清依然十分牵挂孩子们。孩子们入院后，生活区从早晨八点到下午四五点钟，都能有充足的阳光。在孩子们入院后的三四个月里，正是保育院最困难的时期，朱总司令不顾工作繁忙，几次到保育院来，还冒着夏季的炎热，亲自上山到孩子们的生活区探望。

1945年10月初的一个下午，朱总司令在康克清的陪同下，又一次来到保育院。他们先上山看望孩子们，再回到院部，询问院领导工作中有哪些困难，随即对保育院的工作做了很具体的指导。他说："孩子们的父母在前方打仗，你们一定要把这些孩子带好，让他们的父母放心。反动派封锁我们，边区地方小，人口少，机关、部队、学校多，不能再增加人民的负担。尽管物质困难，但是要从别的地方节约。对这些孩子，还是决定按照医院伤病员的标准供给，足够孩子身体生长发育的需要。延安的机关、部队、学校多，买鸡、肉、蛋等可能会困难些，你们可以到离延安远一点的乡下去买，不仅容易买到，价钱也比较便宜。要多想办法，把孩子的生活搞得好些。还要搞好卫生，多带孩子到室外活动，尽量多晒太阳和多呼吸新鲜空气，对孩子的身体健康大有好处，这又不用花钱，孩子身体健康了，抵抗力增强，就会少生病。"

朱总司令还强调："革命工作是长期的。这些孩子的父母都是革命家。孩子们从小生长在革命的环境里，要培养革命接班人，他们就是很好的对象。革命工作有分工，前方工作，后方工作，培养革命接班人，同样都是革命工作。"朱总司令对保育院的关怀，给刚刚离开父母的孩子们带来了幸福和温暖，给全院的工作人员以巨大的鼓舞，给不安心保育工作的同志以深刻的教育，给革命的保育工作指明了方向，有力地帮助保育院度过了开办阶段的困难期。中央领导人的关心，让张炽昌院长和全体保育院工作人员对这项革命工作的意义认识更加深刻，也更信心百倍了。

二 攻文化关

真正开始深入保育院的工作，张炽昌院长了解到，保育员的文化水平是有限的，58名保育员中文盲有25名，24人读过一两年书，9人读过四年书。他们在保育院里，随着觉悟的提高，思想的解放，学习文化和业务的积极性也高涨起来。全院同志坚持上文化课，刻苦攻克文化关。没有书本，就发动文化较高的干部编写，课本内容和当时的政治形势、业务工作紧密结合起来，又编写了有加、减、乘、除法的算术课本。没有时间，就挤时间学，没有纸和笔，就在地上写，手上划。经过一段时间后，全院保育员的文化水平有了不同程度的提高，大多数的保育员会写自己班上孩子的名字，能看报纸，写家信了。保育员杨庆华常常深夜不眠，刻苦学习，一年以后，从一个大字不识的文盲

到能看能写的保育员，还为孩子们创作了一首儿歌：

狼尾谷 穗穗黄

狼尾谷，穗穗黄，
做出饭来甜又香，
娃娃吃了黄米饭，
身体又胖又健康。

这是保育院保育员创作的第一首儿歌。

三攻业务关

从解决保育员的思想问题到解决他们的文化问题，张炽昌院长以他朴素而坚定的为人民服务的信念，带领全体保育人员获得了建院初期的第一个胜利，而解决全体工作人员的业务能力问题，需要张炽昌院长带领大家走向新的征途。

　　针对院内工作人员不懂幼儿保健、预防疾病等实际情况，由保健科的医生负责，对保育员和其余工作人员讲儿童保健常识课，具体讲解幼儿的各种疾病症状以及预防、发现、隔离、治疗、护理等知识。保教科负责讲保教知识。这样的课每周一次，每堂课必须让所有的保育员都能听到。因此，同样内容的课一周内就得讲两次，课后，要求以班为单位进行复习、讨论。结合工作的需要，组织业务学习，对完全不懂育儿、不懂保育业务的保教人员来讲，是非常及时的。他们学了就用，大大提高了保教人员学习业务的积极性。

　　1947年夏天，在南里信驻军期间，张院长又带领保教人员归纳总结编写《我们的保育工作》一书，把保育院建院后逐渐积累的、行之有效的岗位责任制和各种工作制度，用文字记录下来。这个原件一直保留到今日。实践证明，一系列的幼儿卫生保健制度，对后来的长途行军及驻军期间，为保育院战胜各种疾病，保证孩子的身体健康，打下了良好的基础。几十年过去了，这些在实践中总结的制度对今天的幼儿园卫生保健工作，仍然起着指导的作用。

26 个生活环节诠释"保教合一"

随着延安第二保育院的工作逐步走入正轨，虽然条件艰苦，但孩子们的保育、教育问题一直是保教人员研究实践的重要工作。经过一年多的努力，保育院在保育业务方面，已初见成效。大家在工作中摸索，互相交流，在实践中去检验，思考集体育儿办法，归纳集体育儿经验，用"保教合一"的原则去分析、改进，一步步地试验、探索，从有利于孩子身心健康出发，最后把一天 24 小时，按幼儿每天从早到晚的生活顺序，根据不同的生活内容，分解为 26 个环节。

老院长姚淑平曾经对后来的六一人讲：

从早起床到晚入睡，每个环节的工作，我们都按既要保好、又要教好的"保教合一"原则，反复研究推敲，领导深入各班，边观察边和保育员研究，把那些正确的肯定下来，发现不好的及时纠正，努力使每个环节都能体现保和教两方面的内容，达到"保教合一"的目的。

如"进餐"这一个环节的内容是这样规定的：饭前要洗手，洗完手要保持干净，还要培养进餐的好习惯等。定规矩不容易，执行好更难。就说"餐

前洗手"这一项吧。要给每个孩子准备一脸盆底的水洗手，倒掉脏水，换了水第二个小朋友才能洗。这样做费时间，浪费水，还保证不了每个孩子都洗干净了。就算洗干净了，小孩子好动，从盥洗室到餐厅，小朋友可能摸摸旁边的伙伴，摸摸自己的衣服，摸摸自己的脸蛋，也可能捡块小石子……还没到餐桌前坐下，小手就又不干净了。怎么办？大家都知道，保证小手干净进餐，才能避免病从口入。大家开动脑筋，终于想出了在餐厅里洗手的办法：准备一个大些的桶盛洗过手的脏水。由一位阿姨拿着一个盛满净水的壶，让干净的水从壶嘴中细细流出。小朋友轮流冲湿手，打了肥皂之后用力搓一二分钟，再陆续用流动水冲洗干净，用消过毒的干净毛巾擦干，回到自己吃饭的位置上坐好，扣上手，准备进餐。在这个过程中，搓肥皂、冲洗、擦干，都在保育员的督促下进行，年龄小、有困难或胆小的孩子都可以得到保育员的帮助、提醒或鼓励。这样孩子的洗手常规就产生了。

我们的保育院就坐落在黄土高原上。窑洞是"土山洞"，在洞前游戏，孩子们靠的是土"墙"，踩的是土地，孩子们跑跑跳跳，踢踢闹闹，都会掀起一阵"土烟儿"，从照射的阳光下一看，飞扬起的尘埃颗粒到处弥漫，孩子的头发上、衣服上、鞋袜上、手脚上都是黄土。为了孩子的健康，我们制定了进餐前、游戏后、进活动室前、进寝室前，保育员都要在窑洞外面为每个孩子掸去黄土的规定。由于孩子懂得掸土的道理和保育员的坚持，孩子进餐、进室内游戏或脱衣裤时，就避免了"冒土烟儿"的现象。这些保护幼儿身体健康的常规也就在这不"冒土烟儿"中保留下来了。

建院将近一年，保育院在贯彻"保教合一"的原则上，总结出了幼儿一日活动常规的最初雏形——《幼儿一日生活顺序》，将幼儿生活分解为26个环节：起床，漱口刷牙，洗脸，室外游戏，饭前站队，饭前洗手，大孩子帮助阿姨端饭，吃饭，饭量登记，饭后漱口擦嘴，

集体如厕，便后洗手，检查卫生，讲故事，扭秧歌，卫生讲话，午睡，吃点心喝水，练习说话，自由活动一（骑木马、坐小车），自由活动二（推土、打秋千、滑滑梯），洗澡，洗脚，洗屁股，剪指甲，睡觉。其中，每个环节都从保和教两方面来考虑它的内容、要求和方法，既要确保孩子的安全、健康，又重视培养孩子的良好品德，教给孩子知识。后来，保育院将每个环节绘成一幅生活图画（现保留下来有23幅），由蔡畅同志携此画赴国际保卫儿童委员会，在国际会议上向各国代表介绍中国解放区儿童的生活情况，受到赞誉。

　　《幼儿一日生活顺序》的编撰与使用使当时的保育院保教工作走向规范化，避免了保教工作的盲目性和时间的浪费，使幼儿的一日生活有序化、规律化，其中提出的26个生活环节，被沿用下来，而且随着时代的发展各环节内容也不断变化并逐渐完善。

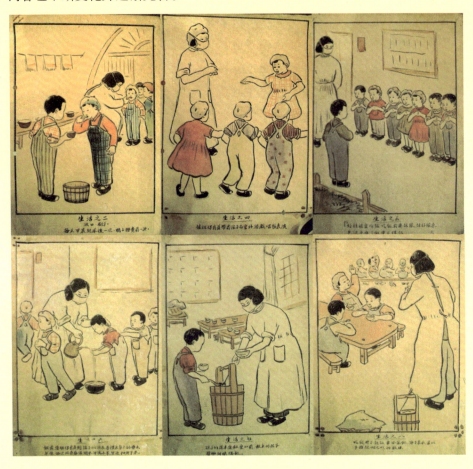

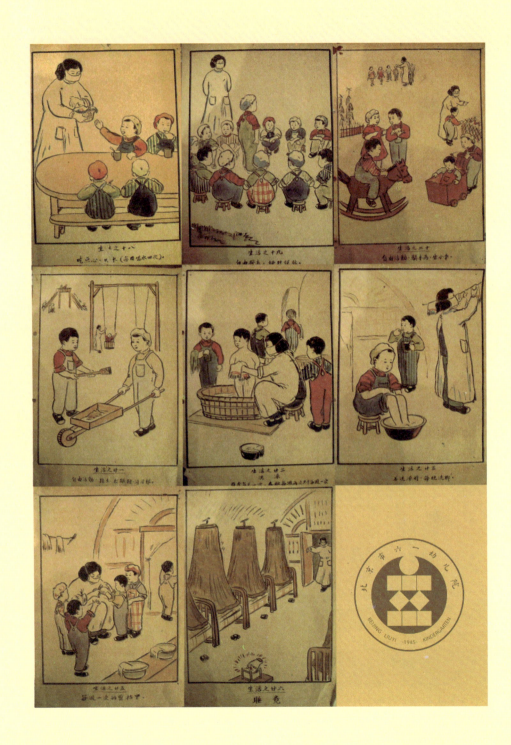

一切为了革命，一切为了孩子

有一次，康克清对张炽昌说："你们那里有的保育员在孩子哭时说'再哭，就把你送给老百姓去'，这可是政治原则的错误。我们革命就是为了老百姓，就是要依靠老百姓。还有的说'听阿姨话是好孩子'，这话也不对。阿姨的话，正确的该听，不正确的也该听吗？你不知道吧，回去查查，要好好教育保育员，这样说是完全错误的。"

据张家芬在《康大姐和延安第二保育院》一文中记载：

一次，保教人员教孩子唱《可怜的秋香》这首歌，当孩子们唱到："金姐有爸爸爱，银姐有妈妈爱，秋香，你的爸爸呢？你的妈妈呢？"有的孩子想起自己的爸爸妈妈，禁不住小脸上挂满了泪珠。《可怜的秋香》这首歌是三十年代我国著名音乐工作者黎锦晖所作，以孩子的口吻描述一个牧羊人孤苦伶仃的一生，抒发作者对旧社会劳动人民悲苦生活的同情。但在这种时刻唱这首歌是不合时宜的，遇到这种情况，康大姐就与张炽昌商量，帮助工作人员提高认识，用革命的观点教育孩子，创作儿歌、故事，如"保育院我的家，阿姨爱我我爱她，阿姨待我像妈妈，教我要听党的话。团结友爱守纪律，要做革命好娃娃"。

针对工作中出现的问题，张炽昌院长不是简单地就事论事，而是深入思考研究，终于摸索出了做好保教工作的三个重要原则：一是坚持革命观点，保育院的保育工作是培养革命接班人的工作，要时时刻刻用革命的观点保育孩子，反对带有封建主义的保教内容和方法，为革命而工作的观点成为延安第二保育院保教工作的首要观点；二是坚持健康观点，保证孩子的身体健康是保育院日常工作

的首要任务，要求工作人员不论说话还是做事，都要先想想是否对孩子的健康有利，自觉地拿这个观点来衡量自己的言行；三是坚持爱孩子的观点，为了带好孩子，加强工作责任心，院里开展"赛妈妈"等活动，启发保育员们尽最大的努力，像妈妈那样无微不至地关怀孩子，爱护孩子，孩子和保育员的感情日益融洽，收到了很好的保教效果。这三个原则是全院人员必须遵守的工作原则，有效地引导着大家做好每日工作。时代不断发展，但是"关注孩子健康"与"爱孩子"的观点却日日坚持，代代相传，时至今天，已成为六一幼儿院不断延续的血脉。

在工作人员提高政治思想觉悟和文化业务水平的基础上，张炽昌院长在工作实践的过程中，深切地感受到规章制度的重要作用，带领院领导以共产党人坚定的信念和勇于克服困难、不断探索的精神，与全院工作人员，从无到有，从不懂到懂，创立了具有明确培养目标的一整套规章制度，实行"保教合一"原则。

这些规章制度包括：班主任职责、班长职责、保育员须知、白班保育员职责、夜班保育员职责、隔离班保育员职责、饭堂保育员职责、洗脸室保育员职

责等。对于这些制度的建立，干部以身作则，抓紧检查，增强了保教人员的工作责任心，调动了积极性，对全院工作质量的提高起到了推动作用，更是将"一切为了革命，一切为了孩子"的延安精神贯彻深入到每一位保育院的工作人员心中，为延安第二保育院今后的发展奠定了基础。

/二/ 用生命捍卫责任

正当延安第二保育院克服建院初期的一些困难，各项工作走上正轨，准备进一步探索"保教合一"，解决不会教育孩子等许多问题的时候，国民党反动派于 1946 年 6 月悍然向各解放区大举进攻，妄图抢夺人民抗战的胜利果实，挑起了大规模的内战。解放区军民英勇抵抗，给来犯之敌以迎头痛击，国民党反动派的军事进攻不断遭到惨败。但敌人野心不死，一意孤行，公然撕毁墨迹未干的《双十协定》，于 1946 年 11 月召开了伪国民大会，决心公开全面内战。

大人不在，孩子也要在

早在 1946 年 8 月，蒋介石的嫡系胡宗南部队突然在延安南面百里的郎县（现为富县）增兵两个师，康克清大姐就向张炽昌院长打过招呼，已派人在山后制作撤退时孩子用的木驮床，并悄悄地准备医药、防寒用品、食物……11 月 5 日，康克清来保育院传达了党中央的指示："国民党要进攻延安，情况紧急，保育院要在 3 天之内撤离延安，转移到太行解放区。"张院长说："3 天时间实在太紧了，6 天差不多。"康克清最后决定："力争 3 天，最多不超过 5 天。"康克清还强调说："孩子是革命的后代，一定要把全部孩子安全带到目的地……你们离开延安，中央就发电报，沿途党政军都会帮助你们。你们到达目的地后，立即打电报报告中央，说清楚全院的孩子是否都安全到达目的地。"

带领一百多个孩子，在战火纷飞的年月，冒着严寒长途行军，要翻越险峻崎岖的山岭，要渡过黄河、汾河，要通过敌人的封锁线，要防备敌人的飞机空中扫射和轰炸，地上敌人的围追和堵截，还要同各种可能发生的疾病和危害做斗争。转移使用的交通工具只能是牛车、马车、骡车。孩子们年龄小，他们不能像成年人那样能约束自己，他们的体质也各不相同，有的体格强壮，有的瘦弱，有的甚至正在生病。带这么多的孩子，走如此艰险的路程，真是一步一个困难，一步一个危险。在这种情况下，无论什么地方出一点儿偏差，就可能出现伤亡事故，只要有一个工作人员稍有疏忽，就有可能完不成任务。

面对时间紧迫、责任重大的艰巨任务，张炽昌院长召开紧急会议进行动员。他着重讲三个问题：为什么要撤离延安？不会带孩子集体行军怎么办？怎样在行军中保证孩子的生命安全？

对于第三个问题，张院长摆出了一些可能遇到的困难，号召大家来提问题、想办法。当时，全院共提出了一百多个问题，如行军途中，遇到敌机轰炸和扫射怎么办？行军途中，无法坚持卫生消毒制度怎么办？冬季行军，孩子睡在小驮床里，不盖棉被孩子会着凉感冒，盖着棉被又怕闷坏孩子，怎么办？行军途中，如果有敌人来投毒怎么办？行军中，条件艰苦，防病治病保证孩子健康有困难怎么办？行军中工作人员遇到克服不了的困难怎么办？如果遇到根本没有预料到的困难或危险怎么办？

大家边提问题，边想出解决的办法。在讨论过一连串的困难、问题之后，到"如果遇到根本没有预料到的困难或危险怎么办"这最后一个问题时，延安第二保育院的全体工作人员和张炽昌院长一同回答："答案只能是一个，那就是凭着每个人的高度革命责任心和自我牺牲精神，去战胜一切预料不到的困难，去排除一切预料不到的危险。不管怎样，只要还有一口气，就要千方百计，即使牺牲自己，也要保证孩子的安全。"

全院人员坚决响应党组织提出的"一切为了革命，一切为了孩子"的号召，做到"四不怕"，即不怕困难，不怕劳累，不怕艰险，不怕牺牲，并从内心发出了"大人在，孩子在，大人不在，孩子也要在"这一气壮山河的豪迈口号，决心迎接行军途中的艰难险阻，接受血与火的考验。

马背摇篮三千里"长征"

1946 年冬天的一个早晨，在刺骨的寒风中，一支特别的队伍匆匆离开了延安。在每一匹马、骡子的背上都驮着特制的摇篮——木制小驮床，里面是一个个被盖得暖暖和和的孩子，这些孩子大的不过六七岁，小的只有一两岁。长长的骡马队行进在陕北高原，这些孩子睡在马背摇篮里，开始了"长征"。1946 年底，国民党胡宗南部队大举进攻延安。根据中共中央的部署，延安第二保育院成为当时最先撤离延安的一支队伍。

延安第二保育院第二任院长陈剑戈回忆道：

> 一个骡子驮两个，左面一个，右面一个，一个里边放两个孩子……孩子坐到里头能玩，非常高兴，马背摇篮就是幼儿园。

> 那时提得非常明确……一切为了革命，一切为了孩子。而且还提出，大人在，孩子在，大人不在，孩子也要在。就是说大人牺牲了，孩子不能死。

数十年后，由当年的延安娃徐庆东编剧、谢晋导演的电影《啊！摇篮》，将这一段历史搬上了银幕，影片中女指导员的原型就是陈剑戈。

陈剑戈，原名陈玉英，山西五台县人，北京市六一幼儿院第二任院长。1933 年参加革命，1937 年 10 月，加入中国共产党。1946 年，陈剑戈带着两个年幼的孩子，与张炽昌院长带领的延安保育院的队伍，一起踏上了一条充满了艰难险阻的征程。

在陈剑戈的儿子陈寒枫的记忆当中，妈妈当年虽然担任保育院的领导，但是，他和自己的弟弟并没有得到过任何特殊照顾：

> 我们平常见不到我妈妈，我妈妈管她的工作，我们就跟着阿姨，她不会专门到班上去看看我怎么样……

为了躲避国民党军队的进攻，这支由"马背摇篮"组成的队伍几乎总是处于行走的状态，后勤保障工作的困难和压力很大。如何保证孩子们的

健康和安全，让当时中共中央的许多领导和干部操了不少心。陈剑戈回忆道：

> 行军途中，大人有时候吃不上饭，却一定要给孩子吃饱吃好，如果米饭吃不上，就吃土豆、小米、窝头，不能饿着孩子，宁可自己不吃，孩子也要吃。

有时候走到敌人的封锁区，部队就守卫着孩子住的地方，那时候彭德怀、陈赓、徐向前等领导，遇到了保育院就出来帮助、保护……

这支由"马背摇篮"组成的队伍，不仅要穿越国民党军队在地面上设置的一道道封锁线，还经常会遭到飞机的狂轰滥炸。当年保育院的孩子李小平回忆：

> 飞机来了……我们小班的就很害怕，不知道怎么办，老师就让我们就地趴下，老师再趴在我们身上。

飞机大炮没能挡住"马背摇篮"前行的脚步，但是各种疾病却时时困扰着这支队伍中的孩子们。面对接踵而至的天花、腮腺炎和百日咳，陈剑戈焦急万分。因为当时的医疗条件很差，药品又极其短缺，一个孩子得病，就会传染一大片，怎么办？

> 孩子得了腮腺炎耳朵疼，阿姨就在屋子里生一个炉子，为的是给孩子热敷，大夏天屋子里很热……孩子都知道，孩子说："阿姨，热，我的耳朵不疼了，你休息一会儿吧。"孩子都懂得这样关心保育员阿姨，保育员为了孩子是不顾自己的……

陈寒枫回忆道：

行军中有些孩子头上长了癣，不得不把头发都剃光了，为了防止传染，保育院专门组成了一个"秃子班"。为了不让这些孩子因为秃头产生心理负担，这个班的保育员老师也剃去了自己的一头秀发。

当年保育院的孩子汉平回忆道：

有一个叫来秀（音）的阿姨，到"秃子班"，她很小，最后她剃一个光头，走到大街上，人家说："来秀你也剃一个光头？"……她根本就不当回事，她觉得为了革命工作的需要，为了让这个"秃子班"的孩子们心理得到呵护，她也要"秃"……

在寒冷的天气里，孩子们小便的次数变得非常频繁，如果让孩子们从温暖的驮床里出来很容易着凉生病，而且队伍的行程又不能耽误，陈剑戈和保育员们只好想办法在队伍行进中解决这个难题。

汉平回忆道：

那个时候没有尿盆，都是阿姨用自己的洗脸盆，刷牙、吃饭、喝水用的缸子……阿姨把缸子伸到驮子里我们的被窝里头，尿完了她倒，都是这样……

陈剑戈说：

等到第二天吃饭了，孩子一看，阿姨又拿那个杯子吃饭，孩子就说："阿姨，脏"，孩子都知道脏，但是阿姨为了孩子，就没有一点儿怕脏的意思。所以，孩子对阿姨，那真是比自己的妈妈都还要亲。

当年只有三岁的李小平，对陈剑戈阿姨为她缝补衣服的情景，至今还记忆犹新：

补着补着，因为天气太冷，阿姨也很冷，鼻涕就下来了，她就用手背这么一擦，条件太艰苦了，阿姨感冒也顾不上照顾自己，就这样一擦，接着给我补衣服……

尽管当时的环境非常恶劣，但是，陈剑戈经常带领保育员们自己动手制作玩具，创作儿歌、游戏，尽可能让孩子们受到良好的教育。

当年在保育院的孩子李小平回忆：

我们玩的东西挺多的，在路上，如果是在摇篮里的时候，我们就玩翻绳，翻绳的花样很多，还可以说歌、唱歌谣；如果出去到了一个地方，阿姨会教我们很多玩儿的东西，比如说打花棍的游戏……

汉平回忆：

实际上教育从来没有断过……当时我都已经七岁了，该上小学，由于战争年代去不了小学，保育院组织一个小学班，我就已经开始学算数，像加减法，100 之内我都能算出来……

在保育员阿姨们的悉心照料下，孩子们经受住了疾病和战争的严峻考验，伴随着晃动的驮床，孩子们一天天长大，战争似乎并没有在他们幼小的心灵中留下恐惧的阴影和记忆。

1949 年 9 月 25 日凌晨，新中国成立前夕，一列乘载着陈剑戈和孩子们的火车缓缓地驶进了北京城。望着东方冉冉升起的一轮红日，陈剑戈感慨万千：

那么困难，在大炮和疾病的考验下走了三年，一个孩子都没少，到现在平安地进了北京，真的很不容易。

从 1946 年 11 月撤出延安，一共历时两年零十个月，辗转三千多里路，经历了战火和疾病的考验，张炽昌、陈剑戈和他们的同事们终于把 136 个孩子，一个不少，全都健健康康、平平安安地带进了北京城。

惊心动魄践行誓言

作为80后的新一代六一人，邹颖等老师也有机会体验一次"生命捍卫责任"的过程，经受一次"革命"的锻炼与洗礼。在六一幼儿院65周年院庆典礼上，她们和孩子们一起演出了传统舞蹈《铜盆盆》。

这个舞蹈是六一幼儿院传统的保留节目。通过舞蹈的形式再现战争年代，延安第二保育院的孩子们在河边刷洗铜盆，敌机来轰炸，铜盆在阳光的照耀下格外醒目，引来敌机更加紧密轰炸，孩子们在危机时刻灵活自救的故事。排练这个舞蹈，年轻教师都感慨万千，她们表示："和平时期我们排练这个舞蹈也很辛苦，练习卧倒和匍匐前进胳膊和腿都磕青了，同时还要表现顾及孩子们安全的神态与动作，真是难上加难。难以想象，在当时，头顶敌机轰炸，身边孩子们乱了阵营，生命受到威胁的情景……"

在那样险恶的条件下，无论如何都要做到"大人在，孩子在，大人不在，孩子也要在"，老一辈六一人无私奉献的精神令她们无比崇敬。

延安第二保育院的三千里行军历尽千辛万苦，"大人在，孩子在，大人不在，孩子也要在"的革命誓言，贯穿在那一个个惊心动魄的事件中，融化在保育院老师们的种种英勇行为中……

桂英阿姨舍身救正南

行军途中，年轻的共产党员肖桂英精心照料着正在医院治病的小正南。她们在院子里玩时，突然听到飞机的响声，抬头一看，十多架敌机轮番在医院上空盘旋，紧接着投下一颗颗炸弹，还用机枪向地面扫射。

霎时间，炸弹在医院周围炸开，紧急关头，肖桂英抱起正南朝大门跑去。刚到大门口，一颗炸弹在她们刚离开的地方爆炸了，房屋墙壁"哗"地倒塌下来，门窗"呼"地窜出了红红的火苗。

肖桂英镇定地对正南说："有阿姨在,什么也别怕!"一颗炸弹正朝着她的头顶落下来,勇敢的肖桂英不惊不慌,运用学到的防空知识,抱着正南

往后跑了几步,扯开棉袄,把正南往怀里一裹,卧倒在地,用自己的身体掩护着正南。

只听"轰"的一声,炸弹炸开了,在刺眼的火光中卷起冲天的尘土,掀起一股黑烟,"啪"的一声,一大堆泥土砸在肖桂英的身上。烟呛、土压,使桂英透不过气来。

这时,正南哭喊起来:"阿姨,太闷得慌!"肖桂英把身上厚厚的土层拨开,低声对正南说:"闷一点比炸死好,阿姨挡着你呢!"懂事的正南不哭了。

肖桂英的双腿被大土块压肿了,左腿负了伤,疼得站不起来,她用一只手搂住正南,一只手撑着地,吃力地匍匐前进。

敌机又飞回来了,肖桂英把正南护在自己身体下,趴在地上一动不动,就这样连续四次,才爬到一处地势低洼的地方隐蔽起来。

正南活跃起来了,她用手指着肖桂英的脸,奇怪地问:"阿姨,你的脸怎么啦?为什么这么黑呀?"肖桂英的两条腿疼得一点儿都不能动弹了,但看到怀里的正南脸上干干净净,安然无恙,心里感到无比的欣慰。

小汉元的第二次生命

过了春节,保育院向北偏城前进,这次出发,全都换上了清一色的大马车,每辆车上放十来张小驮床,孩子们就躺在自己的小床里。保育员随时照料着车上的孩子,队伍来到晋绥解放区的李家湾村边,这里有一条很宽的大道,路南是连绵不断的山脉,路北是一片广阔的农田。

忽然,传来飞机的嗡嗡声,大家不约而同望向天空,担任瞭望的同志大

叫："敌机，赶快隐蔽！"大家立刻跳下车，随车走的人员也冲到车边，从车上抱下孩子，跑到山根下隐蔽起来。

这时，一辆被机枪扫射惊着了的马车从远处飞奔而来，马儿惊慌地狂奔乱跑，转眼间连车带马翻进了比大道低的田地里。紧跟着传来了孩子的哭声。

"啊呀，孩子！"保育员田喜英惊叫一声，朝翻车的地方奔去，敌机在头上盘旋，子弹在空中呼啸，田喜英不顾一切冲到马车跟前，看到那辆马车已经底儿朝上，马也四蹄朝天，孩子在哪儿呢？

她急忙趴下寻找，发现孩子被扣在车厢下面的小驮床里面，由于驮床结实，保护了孩子。看样子孩子一点儿都没伤着，只是受了惊吓，正在大哭大喊，两只小脚踢蹬着。她感到一种意外的惊喜，把孩子从车后边空档处拉出来一看，是小班的孩子汉元。

她将这个泣不成声的孩子紧紧抱在怀里，像妈妈一样用自己的衣襟为孩子擦去眼泪、鼻涕和泥土。田喜英向四周张望，发现这里目标太明显，得赶快隐蔽。于是，她抱着孩子，穿过田间，跨上大道，飞似的向南面的山脚下跑去，怀里的孩子好像越来越重，她用尽全身力气，拼命地向前跑着。

正好院部的通讯员小崔发现了他们，急忙从自己隐蔽的地方冲出来，接过了小汉元。万恶的敌机此时还在

盘旋，还在发疯似的俯冲扫射，但小汉元得救了，小汉元的第二次生命是保育院阿姨、叔叔给的，是保育院给的！

一页不能少，一个不能丢

保育院的队伍通过敌人的封锁线——汾河和同蒲线时，保教科副科长姚

淑平（1954年，担任北京市六一幼儿院第三任院长）和保教科党支部书记程宜萍走在一起。从柳林镇出发时，程宜萍负责保管一头骡子驮着的两个文件箱，她的两个小女儿和行李由一头小毛驴驮着，由小警卫员全超负责照管。

走着走着，她和孩子走散了，后面传来了不幸的消息："程宜萍的两个孩子掉进河里了！"这消息对程宜萍犹如晴天霹雳，她顿时悲痛万分。

姚淑平借着黑夜里那微弱的星光，看到程宜萍眼睛下面挂着两条连绵不断的泪线。姚淑平心里也十分难受，就对她说："你赶快退回去看看吧，你的任务交给我，我替你完成。"

程宜萍说："我负责保管的两个文件箱里面有保育院工作人员的档案材料，有孩子和他们父母的名册，将来战争结束，全凭这些名册来帮助父母和孩子相认，党交给我的任务是保护文件箱，我不能为了自己的孩子而离开岗位！我保护的文件一页不能少，一个也不能丢！"

她强忍着巨大的悲痛，跟着队伍前进，不一会儿，就又走到队伍前面去了。

队伍到了韩洪镇时，接到了陈赓司令员打来的电报，程宜萍得知两个孩子还活着。

原来五岁的慕延和不满两岁的小三八，过汾河时因毛驴失足落水，当时负责保护两个孩子的小警卫员全超才18岁，他毫不犹豫地跳进汾河，在冰冷的河水中先救起了慕延，第二次入水捞上了一个行李卷，这时的全超又冷又累，已经精疲力尽了，可小三八还没救上来，他第三次纵身跳入水中，终于

把小三八也救了上来，可是，小三八已经休克了。保育院的队伍已经过了封锁线，如果追赶队伍，还可以随队伍一起前进，但小三八就不可能抢救活了，如果留下救小三八，就追不上队伍，有遇到敌人的危险。情况紧急，全超当机立断，先抢救小三八。

全超带着两个孩子，找到一户老乡家，老乡让小三八趴在锅底上，控出她肚子里的水，再抱她到热炕上做人工呼吸。几经周折，时间分分秒秒地过去，可总也不见小三八苏醒过来，全超心急如焚，并坚持不懈地对小三八做人工呼吸，终于小三八有了反应，会跟着全超的呼吸而呼吸了。"小三八能呼吸了！小三八救活了！"忙碌着帮孩子和全超烤衣服的老乡都高兴极了。

过封锁线的部队在扫尾清查中，发现了两个孩子和全超，问明原因后就把他们带到部队去了。小三八因年龄小，落水的时间长，得了急性肺炎，部队里的医生立即救治小三八，全超寸步不离，精心护理着小三八。

奔流不息的汾河水，仿佛在赞颂着程宜萍、全超等同志的革命情怀。

姚阿姨血润小奶亭

三岁半的奶亭病重，疑似得了脑膜炎，病情危急，姚淑平对张院长说："院长，让我去吧，我已经接触过奶亭，若是传染病的话，我已经是带菌的人，如果让别人去，会多传染一个人，我一定照顾好奶亭！"

晚上大雨滂沱，姚淑平和同事套上了徐向前司令员发给保育院的那辆胶轮大马车，冒着倾盆大雨，踏着泥泞，在漆黑的深夜赶到了阳泉医院，医生立即为奶亭检查，并抽验脑脊髓。医生诊断奶亭不是脑膜炎，病因不明，按肺炎治疗。

当时战争正在激烈地进行，医院的伤病员很多，医生十分繁忙，不能一直守在孩子身边。姚淑平便一刻都不离开孩子，困了也不敢打盹，始终全神贯注地看着孩子，一有危险情况，立即请医生抢救。

两天两夜没合眼了，姚淑平仍悉心地照料着奶亭，倾听他微弱不均匀的呼吸，不时用喷雾器把奶亭的喉部喷湿，防止黏痰干结在喉部，堵塞孩子的呼吸道。姚淑平用棉花球蘸着温开水湿润他的鼻孔和嘴唇，在他微微睁开眼睛似乎是醒来时，便用勺尖顺着他的嘴角，一滴一滴地喂他梨水和牛奶。

因奶亭的病情严重，身体消耗过大，医生们商量："这孩子希望是很小了，几天来消耗太大，抵抗力太弱了，葡萄糖盐水也供不上他的需要，现在只有再给他肌肉注射一点血来试试看。"

姚淑平听说血能救活奶亭，立即向医生请求抽自己的血给奶亭注射。血，在战争环境里格外珍贵，姚淑平坚定地对医生说："我什么病都没有，已经给三个孩子输过血了，效果都很好，用我的血吧！"就这样，姚淑平的鲜血注入了小奶亭的体内。

当夜，医生和姚淑平一直守护在奶亭身旁，凌晨三点，姚淑平请医生休息，因为自己已学会了用开口器及探针沾痰。这一夜，奶亭共休克七次，医生和姚淑平七次从死神手里夺回了奶亭的生命。

天亮了，奶亭安静地睡着了。姚淑平连忙抓紧这点时间给孩子整理东西，洗尿布、搞卫生，还给他喉头喷雾、沾痰……下午，奶亭的视力像是正常些了，但还是看不见东西，憋死过去四次，生的希望还是很小。

上午，张炽昌院长来看姚淑平她们，他见姚淑平整整三天三夜没有合眼，下午就派来了优秀的保育员薛银铃帮助她照顾奶亭。

第四天，医生想了个土办法给奶亭治肺炎，在奶亭的前胸后背抹上芥末，说："这是最后的办法了。"

第五天，奶亭懂得张口接食物吃了，一次可以喝二两牛奶，一天喝了四次，打针知道疼了，会大声地哭了。

第七天上午，姚淑平发现奶亭第一次有意识地注视着自己，大家高兴得真想跳起来，但又竭力抑制住了。

奶亭的饭量增加了，到了第十天，奶亭可以坐起来几分钟，有大小便会哭着告诉阿姨了。

第十二天，医生允许阿姨抱奶亭到院里晒太阳，他也能和阿姨们说话了，有时高兴了还笑一笑。

第十五天，奶亭能在院子里由姚淑平领着散步了。

第十六天，薛银玲给奶亭拆洗消毒被褥和用具。

经过近 20 天的救护，奶亭的病症彻底好了，保育院来车接姚淑平和孩子出院，并直接把她们送上去北京的火车。

直到孩子病愈出院，医生护士才惊讶地得知姚淑平不是奶亭的母亲。他们激动地说："这孩子多亏了你的精心护理，不然是没救了。"

姚淑平则认为，作为延安第二保育院的工作人员，这样做是应尽的本分。姚淑平像许多老师和阿姨一样，牢记党的嘱托，经受住了严峻的考验，用鲜血和生命保卫和哺育了革命的后代。

三千里行军创奇迹

从 1946 年 11 月延安第二保育院奉命转移，一直到全国解放，全院经历了四次长途转移。从延安到山西省襄垣县南里信村，从南里信村到河北省平山县刘家会村，从刘家会村到山西省平定县，从平定县到北京，转移历时两年零十个月，全部行程 1670 千米。

带领一百多个孩子，在战火纷飞的年月，冒着严寒长途行军，要翻越险峻崎岖的山岭，要渡过黄河、汾河，要通过封锁线，要防备飞机空中扫射和轰炸，地上的围追和堵截，还要同各种可能发生的疾病和危害做斗争。

1949 年 9 月，延安第二保育院历尽艰辛，全院人员发扬了"大人在，孩子在，大人不在，孩子也要在"的无私奉献精神，终于保护了所有孩子的安全，创造了历史的奇迹，回到了党中央毛主席的身边。

孩子们来到北京与父母团圆，父母们都喜出望外。经过几年的艰苦战争生涯，每位父母都十分迫切地想见到自己久别的孩子。不少家长都是怀着忐忑不安的心情来到保育院，当他们看见自己的孩子长高了、长壮了，会唱歌、跳舞、做游戏、讲故事，活泼可爱，都感到分外高兴。激动、兴奋、感谢、幸福……多种难于表达的复杂心情交织在一起，让每一个保育员老师都为之动容和自豪。

人们不会忘记这些创造了奇迹而又极为平凡的革命者，是他们的自我牺牲精神，谱写了"一切为了革命，一切为了孩子""大人在，孩子在，大人不在，孩子也要在"的共产主义赞歌。他们的名字应该载入史册！

/三/ 传承延安精神

新中国成立后，延安第二保育院迁到北京，改称北京市六一幼儿院。第三任院长姚淑平、第四任院长付文瑞、第五任院长林静华、第六任院长魏淑文，都是经过六一幼儿院延安精神洗礼的优秀干部，都是延安精神的红色传承者，六一幼儿院在这几位院长的领导下，稳步发展，书写"六一"丰厚的历史。

可敬可爱的"实际的战士"

鲁迅先生说："战士的日常生活，是并不全部可歌可泣的，然而又无不和

北京市六一幼儿院第三任院长 姚淑平　北京市六一幼儿院第四任院长 付文瑞

（任职年限：1954年10月至1985年8月）　（任职年限：1985年8月至1988年9月）

北京市六一幼儿院第五任院长 林静华　北京市六一幼儿院第六任院长 魏淑文

（任职年限：1988年9月至1992年4月）　（任职年限：1992年4月至1997年9月）

可歌可泣相关联，这才是实际上的战士。"姚淑平无愧是这样的战士，一位可敬可爱的"实际的战士"。她一生淡泊明志，从不以身份自居，从不自恃特殊，从不谋求一己之利。从延安到北京，从宝塔山到玉泉山，可以说，她几乎是把一生都献给了六一幼儿院。

姚淑平从 1954 年起担任院长直到离休，整整 32 年。她和全院教职工把继承和发扬延安时期"一切为了孩子"的精神作为办院宗旨，坚持培养孩子从小走德智体全面发展的道路。这所能招收 500 名住宿儿童的幼儿园，年复一年紧张而有秩序地运转，科学而有创造性地搞好保教，先后有超过 8000 名儿童在这里幸福生活、茁壮成长。

经验炼成理念

姚淑平院长对办好一所幼儿园，对如何实施中国的幼儿教育，有自己一系列的主张。这中间有对延安传统的继承，也有在新的历史时期对传统的继续发扬。她始终坚持保教结合的方针，把保教结合与具体的办园措施紧密结合，形成系列化管理。她以继承延安时期总结的 11 个教育观点为起点，对党的教育方针进行了深入的学习、研究，要求教师在幼儿一日生活常规中贯彻全面发展教育。

她非常重视抓教育思想。有一位教师见了调皮孩子感到头痛棘手，姚院长启发她从热爱孩子、了解孩子，从孩子的需要出发去找原因、想办法。很快，这位教师转变了教育思想，工作得心应手，成了全院爱孩子的典范。

姚院长深知办好幼儿院最关键的是培养一支高素质的教职工队伍。她几十年来呕心沥血地培养着这支队伍，对每一个来院工作的新同志上的第一课就是院史传统教育。一次次的院史教育，让延安精神一代一代传下去。她努力使一批批来院工作的青年教师，树立正确的教育观、育儿观。

在幼教业务上，姚淑平院长对游戏手段的研究，对角色游戏、体育游戏、桌面游戏和综合性游戏大会的研究，体现了继承与发展的精神；在艺术教育方面，她坚决反对成人化倾向，主张从内容、形式到技能，都要符合幼儿生理、心理特点，是幼儿能够理解、接受和喜闻乐见的。她鼓励全院教职工为孩子创编教材、制作玩具，把"热爱孩子赛妈妈"的口号提高到了精心育儿、科学育儿的高度。她为教师请来专家讲课，组织一次次的经验交流，使教师在自我总结与相互交流中得到提高。

自从到北京建院后，姚淑平院长就提出每一位教师和职工要仔细观察儿童的日常生活规律，摸索教育孩子的科学方法，并且认真记载和总结，这就形成了饱含着大家心血的《幼儿一日生活常规》。

姚淑平院长离休后，主持出版了六一幼儿院的两本书，一本是六一幼儿院及其前身延安第二保育院的院史《马背摇篮》，另一本是《幼儿一日生活常规》。《幼儿一日生活常规》是四十多年来六一幼儿院的干部、教师、保育员和教职工在战争动荡的年代以及和平幸福时期实践、积累逐步完善的保教结合、科学育儿的经验、知识和理念。这两本书的正式出版，给中国幼教史以及幼教科学的研究，提供了有益的参考。

延安精神的传播者

已故的原中央教育部幼教处处长、中国学前教育研究会理事长孙岩同志曾赞誉姚淑萍院长是"延安精神的传播者"，说她是"在平凡的工作岗位上干着不平凡的工作，她对革命事业忠诚，对幼教事业贡献，为党和人民的幼儿教育事业呕心沥血，奉献一生，她是无私无畏的革命者，她是延安精神的传播者，她是人民的代表和公仆，她是德高望重的教育家，她是严于律己、宽厚待人的长者，她是我们学习的榜样……"

六一幼儿院原保教主任、全国优秀教师李云莉老师，曾经这样回忆与姚淑平院长在一起的点点滴滴：

姚老师很重视思想教育，尤其关心青年人的成长，想方设法让我们多接受一些革命传统的教育。记得姚老师亲自给我们讲院史，还经常请张院长、陈院长和从延安来的老前辈，给我们讲在战火纷飞的艰苦岁月里所亲自经历的真实动人的故事：肖桂英救正南、全超跳水救小三八、三千里行军……

1965年的春天，正值20周年院庆的前夕，我们几个青年教师和孩子们同台排练院史节目《三千里行军》。经历过那个过程的姚淑平老师来检查指导，大家排练得挺认真，可是在演到老师用身体掩护孩子通过敌人封锁线，需要一会儿跑，一会儿快速匍匐前进一场时，我们由于没有进入角色，带着孩子叽里咕噜跑完之后又趴在地上咯咯地笑，孩子们也跟着笑。

姚老师说这不行，让我们重复一遍。第二遍还是一样。这时她说："停，停，不要再排练了，大家休息一下。"看见她那眉头微皱，神态严肃的样子，我想："糟了，准得挨批评！"

出乎意料，姚老师并没有批评我们，而是充满深情地又给我们讲了一遍肖桂英救正南的英雄事迹："……当时的情况非常危急，空中有敌人的飞机轰炸，后面有敌人的大炮追击，随时都有被炸伤炸死的可能。保育员们为了孩子的安全，用自己的身体掩护孩子，那时的口号是"大人在，孩子在，大人不在，孩子也要在"……院长语重心长的讲述、对真情实景的再现，深深地打动了我们。我则为我刚才的表现感到惭愧、内疚。

再排练时，我想到的是战争的残酷，敌人的可恶。我也能像老前辈那样，如果敌人的子弹打来，我也要用自己的身体保护孩子。

大家把舞台当战场进入了角色，再也笑不出来了，而且演得十分认真。孩子们在我们的感染下也懂事多了……

多年来，在延安精神的影响下，每当我遇到什么困难时，总是会想到前辈们的英雄事迹，这会时时激励着我不断拼搏、奋进……

六一幼儿院第五任院长、特级教师林静华这样深情地回忆着与姚淑萍院长在六一幼儿院工作的日日夜夜：

对我来说，姚院长是我幼教事业的领路人，她影响着我的一生。

自1955年7月我与她初次相逢，从此便结下不解之缘。我在她的领导下工作了32年，几乎经历了姚院长任院长以来的全过程。我绝不是她领导下服服帖帖的一个，却是踏着她的足迹走到底的一个。

她的榜样作用与诚恳挽留，把我凝聚在"六一"这个有着光荣传统的群体中，使我早已把自己当成"六一"的一分子，主动地去工作、去探索、去创造。

姚院长用耐心、宽容和理解去帮助我，指导我，也用一颗纯净的心引导我。在她的培养下，我向上攀登着一个又一个台阶，由不合格到合格，由不优秀到优秀，后又相继被评为北京市模范教师和特级教师，光荣地加入了中国共产党……

我不会忘记她怎样用生动的比喻，让我明白人需要自我完善，尽管这过程有困难甚至痛苦。她更以自身的执着追求，刻苦钻研以及日复一日、年复一年的坚韧不拔，使我领悟到"忠诚党的教育事业""一切为了革命，一切为了孩子"是怎样的精神境界与行为标准。

在她获得种种荣誉时，她总说这荣誉属于大家，她特别感谢各位领导与她的密切合作，感谢全院同志给予她的支持。为此，她坚决反对上级准备在北京市的"教育丛书"中要为她撰写一本书的决定，而要求改为写整个六一幼儿院。

她为"六一"整整奋斗了半个世纪。她塑造着"六一"也同时塑造着自己。

人们将从"六一"的一草一木、一桩一件上想起她，怀念她。

她，永远活在"六一"人的心里。

她将在"六一"这块红色苗圃上延续不朽的生命，直到永远……

六一，我的"大学"

第五任院长林静华这样形容六一幼儿院：我的"大学"。

林静华院长没有上过大学。1988年，在北京市普通教育系统第一次大面积评职称时，林静华被区里推荐，市里批准，破格评为中学高级教师，享受了相当于副教授的待遇。这对一位幼儿园教师来说，无疑是一种殊荣。林静华获如此殊荣，原因是多方面的，但她认为主要还是得益于自己读了这样一所特殊的"大学"——北京市六一幼儿院。

在六一幼儿院，林静华院长整整工作、生活了 37 年零 9 个月。不少人说她为六一幼儿院奉献了全部青春与年华。但她认为，事实是，在这 37 年零 9 个月中，自己从这个有着特殊经历的群体中，学到了任何学校及书本上都很难学到的许许多多极为宝贵的知识、品格和精神。这不仅可以看作是她学业的继续，更是她树立正确的人生观、教育观必不可少的继续教育的过程。在这 37 年中，林静华完成了由一名幼师毕业生向合格教师、优秀教师的转化，实现了自己的理想，成为一名中国共产党员。在六一幼儿院的最后 7 年里，林静华还接受了领导和同志们的重托，先后出任主管教育教学工作的副院长和承担全面领导工作的院长。她接连获得了模范教师、特级教师、模范园长、全国三八红旗手等光荣称号。这一切都离不开在六一幼儿院这所特殊的"大学"里所接受的各种教育，离不开这个群体给予她的爱护、理解、支持和帮助。

在六一幼儿院，敬业精神蔚然成风，上至院长、主任，下至每一位教职工，都在自己的岗位上兢兢业业、不辞辛苦地工作着。"一切为了革命，一切为了孩子"这句战争年代的口号，始终是六一人敬业精神的最高体现。在林静华院长任职的短短四年中，六一幼儿院通过了市政府、市教育局首次对幼儿园的分级分类验收，并组织了建院 45 周年的庆祝活动。为了调动全体教职工的积极性，提高日常工作质量，林院长提出了院风建设的两句话"一切为了孩子，一切为了四化"；八个字"团结、理解、勤奋、创新"，并使院风建设与日常工作质量尽可能通过量化标准，融进班集体工作评价中去。她想方设法与全体领导干部一起，创造出一个团结和谐的工作环境，使大家工作得更愉快，更有效。

今天六一幼儿院的老教师还对"戴红花"走会场记忆犹新。每当教师节来临，林静华院长除了按照市、区规定，组织全院评选出一定数量的市、区先进工作者外，还要评选出一定比例的院先进工作者。开庆功会时，所有被评为全国、市、区、院的先进人物都戴上大红花，在全院同志的热烈掌声中走进会场，荣誉感和责任感在所有人心中被推向极致。

在林静华院长担任教师工作的 30 多年中，大约有一半的时间用在从事幼儿音乐教育的研究与实践上。她给予孩子的更为深刻的爱，是用她的全部心血和努力，通过最好的、最适合幼儿年龄特点的音乐教育，让孩子们从中感受到美，感受到快乐，并促进他们德智体美全面发展。她认为，幼儿的生活需要音乐，幼儿音乐素质的提高是全面提高幼儿素质的重要部分。一个幼儿园开展丰富多彩的音乐教育活动，不仅是幼儿园教育工作中所必须包含的一项内容，而且是活跃幼儿生活、振奋教师精神的一种方法。1990 年 12 月，她抓住全国音乐教育学会在北京召开第四届年会的机会，在北京师范大学李晋瑗老师的帮助下，召开了六一幼儿院首届幼儿音乐教育研讨会。六一幼儿院开展了丰富多彩、生动活泼的音乐教育活动，力求通过这次研讨会，强调幼儿音乐教育的重要性、多样性和愉悦性。

林静华院长为自己所挚爱的幼儿音乐教育孜孜以求，乐此不疲，倾尽一生。

/四/ 爱的智慧启新篇

1998 年 9 月，六一幼儿院迎来了第七任院长刘燕。从这一刻起，六一幼儿院再一次开始了新的征程。

作为新一代的延安精神继承者，刘燕运用爱的智慧，立足管理，让六一幼儿院在改革中进取腾飞。当来到六一幼儿院这所拥有半个多世纪光荣传统的历史名院后，从未涉足过幼教领域的她，以个人独特的魅力和敢想敢干、会想巧干的管理才能迅速融入了六一幼儿院这个群体，并以管理者的魄力带领着六一人阔步迈入改革、腾飞的进程中。

她提出"以人为本"的管理理念以及"二改、三部、四要素"的管理发展方案。"二改"，即体制改革和设施改建；"三部"指实施体制改革中的三部曲，即引进竞争机制、加大管理力度、量化管理细则；"四要素"指针对实际提出的保证六一幼儿院在新时期可持续发展的"管理四要素"，即组建一支高层次、富有魄力、充满活力的管理队伍，继承以"马背摇篮"精神为灵魂的传统管理精髓，创新以"以人为本"为核心的现代管理理念，坚定"保教合一"特色的发展之路。

作为新一代的延安精神传承者，刘燕身体力行带领六一人钻研教学，让六一幼儿院可持续发展。明确的办园方向，蒸蒸日上的办园趋势，行之有效的管理发展方案给六一幼儿院带来的是翻天覆地的变化。2001 年，在她的带领下，六一幼儿院这所占地面积 8 万平方米，拥有幼教职工 124 人，被社会誉为"超级大国"的幼儿园凭借其厚重的历史，先进的"以人为本"管理理念，具有时代性的办园思想和育人理念，深入的教科研，真正奠定了在幼教界的引领地位。

"精彩人生，源于不重复自我"，是刘院长最喜爱的一句格言。在这个挑战和机遇并存的新时代里，她不断向自我挑战，并一直以自己的睿智和坚毅，以自己对大教育观的宏观把握，对事业超越一切的热爱，带领着新一代的六一人，左肩"扛"着爱，右肩"扛"着责任，在传统与现实之间，在继承与创新之中，谱写着"爱"的文化，开拓着"教"的高度。

在刘院长的字典里，爱是严格的管理制度，是高标准的专业要求，是以人为本的宽厚，也是追寻教育本质的专业精神。"作为院长，我愿同你们一起为孩子的成长搭一方平台，让祖国的未来，享受更多成长的关爱，让孩子们在爱的阳光下，启心智之门，雅情趣之源，扬求知之风帆，做成功之真人！"

在爱中奉献

爱因斯坦说过："一个人的价值应该看他贡献什么，而不应该看他取得什么。"也有人说："有爱才有追求，有对爱的追求，才有对爱的奉献。"刘燕正是在这平凡而神圣的幼教岗位上奉献着她的爱，实现着她真正的人生价值。苦在其中，乐在其中。

选择六一，骄傲一生

入学六一幼儿院的孩子家长会被要求做一项调查问卷，这一问卷包括家长对于幼教教育观念的摸底。刘燕会通过这些问卷了解家长选择六一幼儿院的原因，也是院长与家长进行沟通的基础。"不仅是专心于爱的情感和专注于教的精神，我们还得让家长认同六一幼儿院的好，六一人的敬业，这些都是观念的认同。"在她看来，就如她本人的亲身经历一样，选择六一幼儿院，就是认同六一幼儿院，认同六一幼儿院的文化与精神传统，为身为六一人而自豪。

回忆起自己当初的选择，刘燕说："那其实还真是一个挺难的选择，更是我值得骄傲一生的选择！"

1998 年 9 月，刘燕离开奋斗了 23 年的普教系统，来到六一幼儿院担任院长。从 1998 年至 2015 年，她在六一幼儿院担任院长整整 17 年。在此之前，她一直奋斗在普教系统，23 年来一步一个脚印地走到按现在来说差不多是中学校长助理这个位置上。教委领导一纸调令将这位有活力、有智慧、有魄力、有远见的美丽女性派往六一幼儿院。当时，六一幼儿院没有正式院长已经两年有余，所有行政工作由海淀区教委幼教科代管。

对于这一转变，她的家人、朋友甚至老领导和老上级给予她支持、反对或不发表意见的不同态度。领导希望她能给这所拥有悠久红色历史的名园、老园带来新的活力和发展，为海淀的幼教事业做出新的贡献和成绩。

上级调令不可违，同志信任难背弃。刘燕辗转反侧，勇敢面对人生和事业的转变，做出了到六一幼儿院工作的选择。

2010 年，刘燕院长的母亲突发心脏病在医院抢救，医生下了病危通知书，要求家属到场，教师们都劝她放一放手中的工作，去医院看看。可是，她却说："院里这么多事情要处理，很多问题得赶紧解决，这近千名的孩子得全心关注和关爱……"白天，她在院里兢兢业业地工作，深入教师一线，指导教师们的教育教学，深入班级，和孩子们在一起，同孩子们一起玩游戏。夜晚，她急匆匆赶到医院陪伴病重的母亲，尽一个女儿应尽的孝心，直到母亲脱离危险，这期间她从未耽误过一天班。

作为六一幼儿院一院之长，六一幼儿院这个大家庭在她的心目中始终居于首位，而作为女儿、母亲，面对家庭和事业，刘院长的艰难选择显示着她的乐观和坚强。

她的家人说她是个"工作狂"，她自己却总是笑着说："我是两头重，两头都不放手。因为只有家庭生活和谐了，才能保证一份投入工作的好心情。"

不知不觉中 13 年过去了，刘院长也到了退休年龄，早在退休日期到来之前，不少民办、私立幼儿园都频频与她联系，想高薪聘请刘院长担任顾问或者管理者，不需费什么精力就可以名利双收。家中的小孙子也正是可爱调皮的时候，正希望奶奶多多陪伴，她也可以尽享天伦之乐。

2011 年，她本应退休，但六一幼儿院全体职工强烈要求她继续担任院长一职，刘院长再次做出令自己无比快乐、自豪和幸福的选择：成为海淀区首位被留任的名园名校长，继续担任六一幼儿院院长，带领着六一人奋斗在幼教前线。

在刘院长的带领下，六一幼儿院首批荣获了"北京市示范园"的光荣称号，实现了六一幼儿院发展史上质的飞跃，奠定了六一幼儿院在幼教界的引领地位。

从1998年的17个班、400名幼儿，到2014年22个班、近800名幼儿，从过去教师学历以中专居多，到现在教师100%的大专及以上学历，从过去在人们心中拥有优秀传统但稍显保守的六一老园，到今天软件领先、硬件一流的具备可持续发展潜能的人民满意的幼儿园……一个个数字证明着刘燕无悔的选择。

上任第一把火

新任六一幼儿院院长，刘燕的起步并非一帆风顺。

首先遇到的挑战便是北京市评选市级优质示范园。刘燕从中学教师转型幼教，过去积累的经验与幼儿教育基本没有交集。这样一种高效的评选活动，她基本上可以说是外行。另外，她到六一幼儿院之前，六一幼儿院有两年处于无领导状态，教师们专业技能还停留在传承阶段，与现实的要求存在明显的脱节。

刘燕认为，这次评选是六一幼儿院重放异彩的机会，尽管梦想与现实存在差距，可是六一幼儿院厚重的历史基础以及特殊的精神文化传承，不去争取便是错失发展机会，与同级幼儿园之间差距会被拉大。

逆水行舟不进则退，说干就干。为了争取此次机会，并获得领导支持，刘燕找到海淀区幼教科的领导，直截了当地说明了六一幼儿院必须参评的意愿，并且着重强调："如果不

让六一幼儿院参评，是因为我刘燕的原因，这个院长我可以不做。"

六一幼儿院如愿以偿地得到首批进入示范园评选的机会。对于这来之不易的机会，她十分珍惜。作为院长，她在短短三个月的时间里，迅速成长为幼教专家。这个专家的成长，建立在除了日常繁重的工作之外，刘燕将她的业余时间全部用于幼教理论的学习与钻研。

在历经幼教理论、办园规范、纲要指南等答辩关卡，又经历幼儿发展、教师专业发展等项目评估。局限于幼教师资的发展状况，教师的专业方面，刘燕对教师的指导上做到了手把手地教。

为了让评估重点出彩，她亲自上阵，给大班的孩子们上课。一节 30 分钟的课，她与孩子们磨合不止 10 次。多少个无眠之夜，成就了院长答辩高分通过的结果。

刘燕正是在这平凡而神圣的幼教岗位上奉献着她的爱，实现着她真正的人生价值。示范园的评选，让刘燕带领着教师和六一幼儿院走进了色彩斑斓、生机盎然的春天。

院长基金

2001 年 11 月，也就是刘燕到六一幼儿院的第二年，六一幼儿院家属区及部分教学区近 20000 平方米土地被国家征用，建设北京市五环路。拆迁——这件在国家利益与私人利益之间如何平衡的事，是摆在刘燕面前的难题。

如何面对六一幼儿院大院子里的老红军、离退休人员和教职工不同的诉求？如何缩短国家补偿标准与实际情况之间的差距？如何做好特殊人士的安抚工作？

院长和院领导们夜以继日地与拆迁办的工作人员接触，了解政策，及时反馈给教职工们，逐一和教职工核对住房面积、家庭情况，取得了大多数教职工的配合。

对拆迁有想法的职工主要认为：因为拆迁，大家都要搬出幼儿院，上班离得就会较远，肯定感觉很不方便，还有职工感觉自己所得拆迁款少，利益受损，不肯痛快配合拆迁。

刘燕在了解拆迁政策基础上，特别鼓励教职工要有全局意识。另外还与拆迁办等多方沟通，最大限度地为教职工争取利益。

在短短的 15 天内，她妥当安置了六一幼儿院最后一位老红军柯伯伯，为教职员工争取了很多利益，还做出了一个极具示范作用并令人钦佩的决定。她拿出了自己的拆迁补偿款 20 余万元，创立了"院长奖励基金"。

在全院教职工大会上，刘燕特别诚恳地说："说实话，这笔钱对于我个人来说确实也很重要，儿子等着上大学，家中的老人身体不好需要长期看病吃药，对于我将钱全部献给幼儿院他们也都是有想法的。但是，我是六一幼儿院的院长，六一幼儿院的事业正在蒸蒸日上，我愿意尽自己最大的努力，为教师成长搭建平台，创造条件，并鼓励、奖励在全院发展建设中，特别是在教育教研工作中做出积极贡献的教师们，希望大家以六一幼儿院为荣，以六一幼儿院的发展为己任……"

此时此刻，参会的教职员工有人湿了眼眶，年轻教师望向院长的目光充满崇敬之情……

正气纠风，规矩律人

刘燕平时很少坐在自己的办公室里，大部分时间都在班上，在教师的办公室里。幼儿院教师工作琐碎、繁杂、重复，但要做好、做细，必须做人、做事都踏踏实实。"院长的工作必须得从实际出发，从大处着想，从小事做起，做教师的表率，以不计得失、不求索取的奉献精神把个人的甘甜融进幼教事业中。"

刚来六一幼儿院时，刘燕发现六一幼儿院的大门"四通八达"，原因是有送货的，教师回家属院的，教职工进出单位的，各条道路都可以走，教职工的自行车可以随意进院，停在离自己最近的位置上。从院区通往宿舍的一个偏门居然有 30 把钥匙之多。

刘燕在出台细致的规章制度之后，用一把锁锁住了偏门。这一措施锁住了几十人的便利，也正是这一举动被公认为是新任院长刘燕对六一幼儿院松散管理下形成的陋习宣战。

职工灶的李班长成为第一位违反停车规定"身先士卒"的停车人，月末工资被扣 10 元，要知道，当时的 10 元钱可以给一家人买一星期吃的菜还多！当时很多人都调侃他"这车停得真够贵的，跟停汽车收费有一比"。

当时，六一幼儿院洗澡堂也是管理盲区，区区两角钱的洗澡票都要被掰成两片,用两回。刘燕一口气将澡堂门票提成了2元。这一办法激起骂声一片,到后来与她搭班的几位副院长都跟她说:"院长,这也太狠了点儿,一口气涨成两块,要不一块一块地涨吧。"

她十分坚决:"涨价是大家会上通过的吧?且不说成本问题,调价的事既然都公布了,泼出去的水哪有收回来的道理,大家还是做好自己的工作吧。"

在她的坚持下,大家明白了一个道理,人情归人情,事情归事情,院长当真了!

在她上任之前,六一幼儿院还有一个"潜规则"——加班可以储存起来当假期用。对这一陋习,她认为是对劳动制度公然的挑衅,理应坚决取消:"分内的事情,做完做好才算完,加班也是分内的事,怎么还能拿加班当假期呢?"

刘燕是出了名的说一不二,她坚定地认为没有规矩不成方圆,说了不做、不落实没有结果,也就没有规矩可言。有了规矩才能打造一支正能量的队伍,大家共同的目标才会明确,团队的力量才会形成。

刘院长刚上任时,碰到打小报告的事,她认为这是不团结的表现,坚决予以回击:"以后这种事,你都不用跟我说,我都不爱听,我也告诉你,这种不该你管的事你也不要管。"这种直截了当的回应,给人真诚的教训,同时也是对其他不轨图谋的震慑。

她还认为有正能量的团队要从根本上解决荣誉感的问题,同时解决荣誉感也不排除物质等方面的激励。"开个会送朵花什么的,这种事我也不太爱做,要送也要送点受用的实惠,其实也是种平衡,处理好了体现出智慧。"

对于做女人和当院长强势的理解,刘燕认为做管理不是下达行政命令,而首先是对管理者的认同,管理者的强势则体现在令人心甘情愿的基础上,这种强势体现出管理者的魅力和管理者驭人的智慧。

最初开会时,刘燕在会场一看,200多个小马扎,铺陈出艰苦朴素的作风,可带来的问题显而易见,很多职工的大肚子根本坐不下去。会场里不时有人走动,还有一些男同志干脆就在人群后抽烟。

开会对于统一团队的思想和聚拢人心是最重要的方法。为改变这一状况,刘燕找到领导特批了200多把椅子,从而解决了很多问题。

在爱中发现

刘燕说："一个群体的积极发展，要有一个睿智的管理者，这的确很关键，但并不完整，更重要的是，他要能够调动起全员的积极性，让每一个个体在集体中充分张扬出个性。真正的管理，不会是某一个人的行为，而是一个集体的智慧，一个群体的共同意识，人才是一个群体中最宝贵的资源。"

大家说："刘院长是一位伯乐，她有一双慧眼，总会通过对细节的观察，发现每位教师的特长，最大限度地发挥教师的潜力和工作积极性。"

"马背摇篮"合唱团

刘燕刚到任不久便准备筹建"马背摇篮"合唱团，当时有一部分员工认为："把孩子带好、教好，孩子健康安全就尽到了责任，还搞什么合唱团，咱们都这么大岁数了，还唱歌跳舞，是不是有些用力过猛？"对于充盈着教育思想、洋溢着挚爱与智慧的刘燕来说，个人绚丽的荣誉光环远远比不上一个值得骄傲的优秀集体。

合唱团练歌时，有的人索性搬来凳子坐着唱，刘燕硬是陪着他们站了两个多小时。

就在这个时候，一位教师从队伍中站出来，从容地对大家说："我本来不是学音乐的，不懂得乐理，但我有一颗热爱六一幼儿院的诚心，愿意和大家一起把合唱团办成功，不能辜负刘院长的一份爱心。"

大家听到这些话都报以热烈的掌声。掌声过后，这位教师很自然地向大家表示，从现在起，她来担任指挥。随着她的指挥，"马背摇篮"合唱团第一次唱得那么流畅、响亮。

当时，自告奋勇担当"马背摇篮"合唱团首位指挥的教师——成勇，后来成长为六一幼儿院副院长，她在一篇回忆录中这么描写她对刘燕院长"爱"的理解：

读不尽的"师恩"

成勇

人们常说，在成长的路途中能够遇到一位好老师是幸运的，在刘院长来到六一幼儿院的 13 年间，我如此幸运地体味着这份师者相伴的幸福！

每天，当清晨的第一缕阳光洒落在如花园般的幼儿院中，她总是带着朝阳般的笑容第一个踏入幼儿院的大门，从那充满活力的笑容中，我读出了"自信"。

当她神奇般地唤出幼儿院中每一个孩子的姓名，当近千名幼儿亲切地称她"院长阿姨"时，我读出了那份特有的"童心与爱"。

办公室内她正在像往常一样主持召开院务会，但特别的是，她的身边悬挂着液体吊瓶，伴随着药液的缓缓滴落，我读出了一份无言的"奉献与执着"。

一位老师在途中摔伤，凌晨 2 点她还奔向医院，守候在病人的身边，为她的职工联系、安排最好的医生，在那匆忙的脚步中，我读出了"尊重和关爱"。

面对来自全国、来自世界各地友人的访问与交流，她热情洋溢、神采飞扬地介绍着六一幼儿院昨日的积淀、今日的辉煌、未来的腾飞，那充满激情的言谈中，我读出了"责任与使命"。

13 年，有太多的感动留在心中，有太多的记忆印在脑海，她用看似平凡的每一天教会我该如何做事、如何做人、如何做教育，伴随我从一名普通老师成长为一名肩负责任的管理者。这份读不尽的"师恩"也必将永远成为一种精神延绵于教育的征途中……

刘燕针对六一幼儿院教师特殊的女性群体，情感细腻、思维微妙、自尊心强等特点，主动去了解每位教师的心理，尊重每位教师的想法，切实关心她们的困难和需要，以朋友的身份给予她们最大的帮助和指导，以情感作为维系管理者和教职员工的纽带，充分运用非权力性影响的管理艺术，即身教艺术，发掘自身的人格力量，以个人魄力感召全院职工。

因你自豪

2004 年，六一幼儿院院刊正式出版了，其内容丰富，图文并茂，设计精美，深受读者喜爱。

院刊设计教师这样说道："是刘院长凭着细心敏锐的观察力，惊人的记忆力，发现了我这个藏在六一幼儿院一个不起眼地方的无名小卒——一个不被人注意的保育员，将我调整到教研室，让我真正做到'学有所用'，我的工作热情一下子调动起来了，我要用一生的勤奋工作，回报刘院长，回报六一幼儿院。"

这位教师正是用她辛勤的汗水实践着自己的诺言，新落成的六一幼儿院大门上镶嵌的光彩夺目的院徽，就是出自这位教师之手。

自　豪

任　岩

一定是我和"六一"有缘，1996年，我在六一幼儿院找到了一份工作，做临时工，被安排了一个"昼伏夜出"的工作——值夜班。工作了一年多之后，除了同班的几个老师外，我很难再接触到其他人。除了夜里那些熟睡的孩子们给我些欣慰外，我的心面对空空的楼道和静静的深夜，渐渐地，一种莫名的失落感慢慢地滋生了出来。

一天夜里，和往常一样，我在班里巡视一圈后，刚准备到另一个班去看看的时候，听到开门声，"一定是大夫来看看有没有生病的孩子。"我按平时的思维去想。迎出门一看，来的是两个人，看着我一脸的疑虑，大夫连忙向我介绍："任岩，新院长来看看你们的夜班工作。"

打过招呼后，由于当时光线昏暗，还未等我看清这位新院长的面孔，她就关心地询问起了我的名字和年龄，并嘱咐我白天一定要注意多休息，我嘴上平静地答应着，心里感到的却是一份激动与感动。

院长在百忙的工作之余还能关心我这样的小人物——一个临时工，我这一年来第一次有一种满足感。她一边说着，一边来到班上看孩子们，并询问着夜班的各种情况，亲切的交谈冲淡了我们之间的陌生，心中积蓄许久的寂寞和单调渐渐地被化解了。

一天早晨，我下了夜班正要向外走，前方不远处一位年龄在四十岁上下的老师脚步匆忙地与我迎面而来。"下班啦，任岩！"没等我上前搭话，院长就准确地叫出了我的名字，我当时心里热乎乎的，不由得想起了那个初次见面的晚上，一切还是那么熟悉和亲切。

1998年11月，我终于在"六一"有了一个正式的身份。我被调到教研室后，终于能够真正做到"学有所用"了，工作热情一下被调动了起来。虽然工作强度大了许多，但我每天的心情和过去不一样了，也就是从那时起感觉周围

的一切都在慢慢地发生着变化，校园比以前美了，教室比以前亮了，楼道比以前宽了，连树上小鸟的叫声都比以往优美了……

改变的不只是我一个，改变悄悄地映入每一个六一人的视野，每一个六一人心里的那份热情慢慢地被激发和释放出来。

六一幼儿院教职工普遍拥有这种自豪感。

参加中央电视台《正大综艺》节目的拍摄后，在电视中看到自己的同伴，大家都说："这是我们六一幼儿院的方阵，我们获得了冠军。"言语之间透露的是归属于"六一"这个团体的满足感。一种强烈的集体荣誉感产生了，大家共同分享着喜悦，为能够成为这个集体中的一员而自豪。

刘燕通过工会经常组织大家聚餐、外出旅游、打牌、打球等娱乐活动，让大家经常有机会聚在一起活动和沟通，有利于满足教师们的归属需要。

在刘燕的主张下，六一幼儿院给每一位教职工包括临时工都买了保险，每月还给教职工发放福利，为教职工举办生日聚餐，免费给教职工提供早餐、工作餐等，这些举措使这个团体中的每个成员满足了"被爱""被关怀"的需要。

不以对错论英雄

之后的日子里，教职工的阅览室里添置了很多新的资料书、绘本图书，给教师们开展工作带来了很多便利条件；教师走出北京，走向全国各省市学习的机会更多了，学习条件更好了。每个学期，幼儿院还会组织教师和保育员分别开展学习竞赛、技能技巧比赛等，每位获奖者获得院长颁发的奖品都非常开心。

刘燕肩上的责任就像一种使命，敦促着她将偌大的六一幼儿院装在心中。她努力用自己的全部去辛勤耕耘。

她改善办院条件，投入大量资金，购买电脑、扫描仪、激光打印机、摄像机等全自动化的办公设备。她说："办公质量和工作效率是等同的。"她带领全体教师苦练基本功，观摩课、玩具制作、环境布置、网页评比……一项接一项的评比，使全体教师整体水平不断提高。

刘燕办公室的门从来都是敞开的，随时接纳各种"来访"。在六一幼儿院这个集体中，每一位教职工，刘燕都将其视为自己的老师、朋友，都给予极大的尊重。

孙德福是有名的暴脾气，却是六一幼儿院后勤、水电、基建的一把好手，做事认真负责。从他到六一幼儿院以来，他跟历任院长基本"不和"，几届领导基本上不招惹他，他却自以为是颇为骄傲。

一次做一场庆祝活动，领到会场布置任务的孙师傅找到财务，要求购买用具。院长审批时，提出了自己的建议，从节俭且不影响整体效果的角度，对孙师傅的要求从正面予以回应。当时孙师傅就火大了，骂骂咧咧要开了脾气，最后不欢而散。

事后刘燕主动找到孙师傅，很真诚地对他说："你这方面很擅长，其实你不用我来建议，你凭着一颗负责的良心，就可以把这件事情办好。"面对刘燕的真诚和信任，孙师傅说："就冲院长，我……"在未来的日子里他成了刘燕坚实的左膀右臂，担起了六一幼儿院一大半的后勤工作。

面对教职工的"就冲院长"这说一不二简单有气势的话语，刘燕颇为理性："大家都冲我，可我又冲谁呢？"其实这就是以德服人的魅力。

刘燕与教职工的相处之道在旁人看来可能不那么完美，可谁都知道刘燕对教职员工都是以诚相待，哪怕争执、非议和脸红也仅限于对待工作。

刘燕对于女性领导特有的睿智有一个定义：一方面头脑灵活，思路清楚；另一方面心里应该有一杆秤，称称自己，量量别人。

刘燕要求院领导在讨论工作时，与教职工谈心时，教学活动评价时都注意用商量建议性的口吻，使教职工有一种被尊重的感觉。与教师研讨教育活动时不以"对错"论处，而是共同反思寻求更好的教育效果。

朱金岭老师，市级骨干教师，具有中高级职称，是一个研究学习型人才，在六一幼儿院担任教研大组长，被六一幼儿院的教师们称为教研活动中的"顶配"人物。她多次接待全国各地的幼教同人观摩教学活动，与国际幼教同人进行学术交流活动，培养了多名优秀、专业的青年教师与不计其数的六一幼儿院优秀的小毕业生，受到家长、孩子们的喜欢，年轻教师们的钦佩。她在幼师的同学遍布北京市，很多人已经荣升领导职位，而朱老师依然快乐地战斗在教学第一线。身边的人为她抱不平，大家觉得"顶配"的行政职位也应该不断提升。曾经有一年，因为工作需要，在大班工作多年、非常有经验的朱老师担任了大班年级组长。但第二年，刘燕和院务会的领导们还是安排朱老师回到班上。因为刘燕非常爱惜人才，也更了解像朱老师这样专业性非常强、具有教学天赋，肯于实践钻研，已经具有非常扎实的教学、研究功底的专业性人才是不应该被事务性工作所埋没的，她应该，也有资本和能力向专家级、特级教师的方向努力和冲击。于是，刘燕真诚地与朱老师谈话："我不管你以前拿过什么荣誉，对于你来说那已经代表昨天了，六一幼儿院需要你引领专业研究的方向，年轻教师需要你做积极探索研究的榜样，所以，你应该清楚自己的整体水平，在六一幼儿院的价值，明白自己作为六一幼儿院专业型骨干教师的责任，拿出你的冲劲与韧性，带领年轻骨干教师们向新的目标迈进。"朱老师说及此事，总是非常感慨，她说："刘院长的真诚打动了我，更激励了我，她对我们的厚爱、期望与信任，是我们努力向前的无穷动力！"

在爱中收获

"作为一院之长要有工作思路，要有创新想法，只有这样才能激发出大家的智慧。"刘燕是这样说的，也是这样做的。每年的寒暑假，她都会与教科组的组员、各班的班主任探讨班级主题环境的整体规划，用自己的智慧启发教师的智慧。她始终致力于教育教学改革实践和科学探索，醉心于课题研究。

她说：“教学一线是教师的生命线，是教育创新的不竭源泉。”她深入教育一线开展教学实践，在幼儿教育教学改革中不断探索。

“八五”期间，她参加了北京市教育科学“八五”规划中的重点课题，其课题研究成果《幼儿发展评价手册》得以出版。

“九五”期间，她带领六一幼儿院的教师，在北京师范大学庞丽娟教授的指导下，开展了国家“九五”科研课题“更新教师观念行为，促进幼儿社会性发展”实践研究。

“十五”期间，她又和教研组成员一起申请立项并开展了“在游戏活动中培养幼儿规则意识研究”的北京市“十五”课题研究。作为北京市落实《基础教育课程改革纲要（试行）》试点院全面工作的负责人，她更是深入一线，带领着保教人员学理论、抓实践，从而使全院树立了“教研促发展”的院风，有效提高了全院的保教质量。

“十一五”时期，她申请立项的课题是：北京市“十一五”课题“小班幼儿游戏化教学策略的研究”，还参与了国家级“十一五”课题“幼儿园教育质量的发展现状与促进研究”的课题研究。

长期战斗在教育战线上的刘燕非常喜欢这句话——“每一个孩子都是天使送给妈妈们的礼物”。她说：“这个‘礼物’让呵护变得更有意义，让心灵变得更为纯真，让笑容变得更加灿烂。”“我要将能给予他们的一切都给予他们，把一段美好的回忆赠予他们。”

在担任六一幼儿院院长的17年幼教生涯中，刘燕深深体会到爱的力量。她用爱呵护着每一个孩子，呵护着心爱的六一幼儿院，自己收获的是沉甸甸的惊喜、欣慰和快乐，是整个六一幼儿院的成长。但这种爱，无论是对教师和职工的管理，还是对孩子们的教育，不是无原则的溺爱、迁就，而是渗透着深刻的管理智慧与教育智慧。

爱孩子心相印

从院长阿姨到院长奶奶，在六一幼儿院的十几年里，刘燕爱孩子的心并没有因辈分变化而颓然老去。她说：“院里每一个孩子我都接触过，叫得上来大部分孩子的名字。”作为近800名孩子的大家长，刘燕无时无刻不在牵挂着孩子们，更用自己的慈爱之心，为孩子们留下珍贵的回忆。

一位家长在孩子毕业后提到：

女儿刚入六一幼儿院的时候，还是一个三岁的小娃娃，见到生人就哇哇大哭，连见到慈祥亲切的刘院长也不例外，可是，刘院长却照旧和孩子们打招呼，拍拍这个、摸摸那个，好似老朋友一般的快活！

三年的快乐时光转瞬即逝，女儿在毕业典礼上代表小朋友为最爱的院长阿姨献了花，院长阿姨在百忙中为女儿写下了这样的毕业留言——

可爱的楠楠：

你知道吗，有像你一样的好孩子们想着、祝福着院长阿姨，我是多么的幸福、快乐！

你即将上小学了，院长阿姨真诚地希望你，要做学习上的有心人，积极、努力、向上、奋进，对他人要友善、平和。在这里，我对你的殷切期望是心灵上的碰撞，心心相印，没有距离。希望你以后会更加感受到院长阿姨的用心良苦，走好每一步，让每一步都精彩！

喜欢你的院长阿姨 刘燕

看到这样的留言，作为母亲，为之动容，一个历史名园的幼儿院院长和一个六岁的小姑娘没有距离，心心相印，用心良苦的祝福和殷殷期望，来自刘院长的这份关爱将永远激励着女儿快乐、自信地成长、成才！

多少年后，从六一幼儿院毕业的孩子们，回忆起六一幼儿院的生活，总是念念不忘六一幼儿院的炸酱面、茄汁小丸子、什锦饭等，孩子们不会知道院长阿姨在百忙中视察幼儿灶，不会知道院长阿姨对于幼儿院食品安全的严格把关，不会知道香蕉、苹果的大小、味道好不好牵动着院长阿姨的心。孩子们只知道：作为六一幼儿院的毕业生无比自豪，院长阿姨是他们在平日、在毕业典礼上最喜欢、最感谢、最爱戴的人。

刘燕全面管理幼儿院的工作，事无巨细，每年都会花费几万元为孩子们添置优质绘本读物。每个班的图书区都是浓郁的书香，孩子们对于好看的绘本爱不释手。

说到"故事奶奶"，其实是刘燕在百忙之中抽出时间，担起了六一幼儿

院小一班"故事奶奶"的角色。每当孩子们热情地迎接"故事奶奶"的到来，亲密地围坐在刘燕的身边，小手或搭在她肩头，或搂着她的脖子，或急切地替她翻书，催她接着讲……曾经雷厉风行、把握六一幼儿院全局、威严的刘燕，此时此刻只是一位慈祥又天真的"故事奶奶"，把自己对孩子们最爱的、最亲切的关怀用娓娓道来的故事奉献给孩子们。

成全个人发展

每年暑假之后，最大的一项任务就是参加教师们的职评工作。每年秋季开学前的教师会上，院长都会跟大家"急"。

在会上，刘燕慷慨激昂地对教师们说："发展六一幼儿院，更要成就教师个体，这也是六一幼儿院优质教育的基础和体现，六一幼儿院培养、重任你们，为你们搭建成长的平台，你们都应该更努力地学习和提升，平日注意积累接待观摩的教案，多投稿，多思考，多总结，争取有更高质量的论文和

文章发表，争取都能评"小高""中高"，六一幼儿院的教师实践经验都比较足，但缺乏的是总结和提升。"

"六一幼儿院这样的大园名园应该有更高水平、更高职称的教师涌现出来。我们的教师就得对自己有高要求，别怕困难，我给你们全力的支持……"刘燕的话语点燃了每位教师拼搏奋进的激情，有院长的支持，教师都更加努力学习和工作，对自己的未来充满信心。

2010 年，面对上级对一个骨干人才调动的问题，刘燕想，签字吧，六一幼儿院未来发展缺失一员大将，不签吧，教师个人将失去一次机会。在得失之间，刘燕顿悟：人才稀缺是培养不够啊！

如今面对教师的调离，刘燕自信地说："六一幼儿院的教师，哪一个拿出来，都能胜任任何一所幼儿园的园长。能让优质的资源传播出去，更先进的教育理念传递给社会，让更多的孩子获得更好的学前教育，这是六一幼儿院软实力的展示，是六一幼儿院成果的输出，是六一幼儿院对整个学前教育的一大贡献。"

海淀区新成立的一所幼儿园正缺少一名年富力强、有经验的园长。吴老师曾是六一幼儿院的骨干教师，是一个聪明伶俐，非常有教育智慧的老师，因为参加海淀区新疆和田地区的支教活动表现突出，被区领导看中向刘燕要人，刘燕可真有点舍不得。

可在教师会上向大家宣布吴老师的调令时，刘燕却无比自豪地说："六一幼儿院就是一个真正的、培养人才的摇篮，孩子们是未来的人才，教师们是现在的人才，在这个摇篮中他们茁壮成长，输出这些人才，既是为幼教事业、为国家做贡献，更是我们六一幼儿院的骄傲，六一人就要有这样放眼全局的、放眼世界的眼光和胸怀。"

刘燕说："做一名好的园长，一定要懂得知人善用的重要性。"用成全他人的思维来培养人才，是她一贯坚持的方法。人才是一个群体中最宝贵的资源，一个机会和对个人选择的成全，人才才能成长起来。

如今，从"六一"的金色摇篮中走出了许多深爱幼儿教育事业的优秀教师与管理者，他们是六一幼儿院的自豪，更是海淀幼教的骄傲！

开放办院有担当

刘燕所倡导的办学理念"以爱为本、以德为先、自然和谐、快乐发展",形成六一幼儿院独具特色的教育内涵。她将六一幼儿院发展的总目标定位为"立足'保教合一'传统、挖掘'马背摇篮'新意,探索现代发展教育,培养世纪奠基人才,成为全国幼教界的一面旗帜"。

为了使目标变为现实,刘燕运用开放办院的思路,组织成立家长委员会,请家长参与教学活动,监督院内的管理、卫生和饮食质量,举办家长开放日,学期末请家长对教师评议,向家长宣传正确的教育理念和教学方法,使家长与教师实现最大的沟通,六一幼儿院与家庭的教育达到了和谐统一。

随着物价不断上涨,幼儿的伙食费按照上级单位的规定也在不断上调,同时,家长也更加关心幼儿院的伙食质量。六一幼儿院应刘燕要求组建了"伙委会"。

伙委会的工作包括上报每月幼儿伙食费的使用情况,教师、保育员反馈孩子们在班级中进餐的情况,营养师介绍幼儿营养配餐等。领导干部和院长一起到会,认真听取,随时提出质疑,力求让孩子们吃得更科学、更营养、更美味。

针对伙食而启动的家长开放日——"食品街"活动如期而至,伙委会组织的食品分量和质量都属上乘。院长还号召参加活动的学生和家长,只说一个字:"吃。"学生和家长们只评价两个字:"好吃!"

最后评审意见居然是:"香蕉太大了,小班孩子能不能吃半根,苹果太大了,小班孩子能不能分着吃。"家长的意见也出来了:"好吃,吃撑了,伙食费缴得值!"

六一幼儿院作为全国幼教界的旗帜,将其历史名园的优势资源向全北京市拓展,带动全北京市学前教育不断发展。

2012年年初,在北京市教委的领导下,北京市启动了"刘燕院长工作室",其成员是来自北京市各区县幼儿园的10名业务干部,涵盖了海淀、石景山、房山、怀柔、密云、昌平、延庆、门头沟等10个区县。

工作室的10位成员形成了一个独特的"学习共同体",让每一位成员获得成长,以带动园所工作质量的提高,进而辐射到所在区域,不断推进北京市学前教育工作是工作室的目标。

自 2013 年上半年开始，六一幼儿院与北京市各中小学共同承担了湖北省丹江口市幼儿园园长跟岗培训任务以及赴新疆和田双语幼儿园的支教活动。

刘燕和六一幼儿院有一个共同目标：作为引领北京市学前教育的示范者，有责任和义务承担重任；以 70 年厚重的发展历程，"保教合一"的教育特色，与时俱进的教育实践，与大家分享多年的教育积淀，为学前教育事业贡献六一幼儿院的力量。

第二章

专心于爱

爱是每个孩子成长过程中最重要的心理需求，更是孩子健康成长、全面进步的巨大推动力。正如我国近代教育家夏丏尊所说："教育之没有情感，没有爱，如同池塘没有水一样。没有水，就不成其池塘，没有爱就没有教育。"

70 年过去，从战争年代的"马背摇篮"，到新世纪的"儿童乐园"，无论是在延安的窑洞里，在行军的马背上，在驻地的破庙中，还是在改革开放的大潮中，每一代六一人始终用自己对事业的执着与热爱诠释着"爱"的主题，始终继承和发扬延安精神，始终坚持科学培育幼儿的教育规律，坚守着"一切为了孩子"的信念。六一人在继承中创新，战胜了一个又一个困难，迎接了一次又一次的挑战，将爱从一种教育的态度发展成为六一幼儿院的一种文化——专心于爱。

/ 一 / 当爱已成为习惯

"针线盒里有几根针？"这是什么问题，外人不知道，但六一人都知道。只要被问到这个问题，相关负责人立刻能回答上来。在六一幼儿院工作了一辈子的老教师会滔滔不绝地告诉你："我五几年刚工作那会儿，姚淑平老院长一到班上最爱问这个问题，而且还必须马上答出来几根针，说慢了都不成，答完了还得查查到底针线盒里有几根针……为什么？就是严格要求保育员呗，提醒老师们一定要把孩子的安全放在第一位……"

多少年过去了，六一人依然铭记着"生命捍卫责任"的誓言，遵循着"一切为了孩子"的原则。领导干部查班会都会细致地询问保育员老师："针线盒里有几根针？"还有领导干部检查夜班工作时随时会问："多少孩子？"夜班老师也会立刻回答："28 个。"即使是在节假日或是在孩子第一天入学的深夜，六一幼儿院带班教师的电话也是此起彼伏，网页随时刷新。即使是家中亲人、朋友，也记得为自己在六一幼儿院工作的亲友随时收集废旧材料，给孩子们做手工……在日复一日，年复一年的工作中，六一幼儿院的教师已把对学生的爱与责任，悄悄地变成了每日的习惯。

当爱已成为习惯，老一辈六一人用生命捍卫责任的精神无疑已成今日六一人的精髓。远离了艰难险恶的环境，没有了惊心动魄的战事，今天的六一人依然把自己的生命融进孩子的成长中，朴实地履行着教育者的职责，用爱心成就一份责任。

筑一道平安幸福的堤坝

晚间的电话

新学期是新的，迟芳老师对于孩子来说是新的老师、新的妈妈、新的朋友，而她那份爱心，对工作的全心和投入一如既往。

每一天，迟老师和孩子们在哭哭闹闹、欢欢笑笑、琐琐碎碎中度过，每一天的工作都是超时、超负荷地进行。回到家中，身心疲惫，她的耳边却总能听到孩子的呼唤或是哭闹声，摇摇头，声音仿佛远去，而心中的牵挂会带到她的梦中。

迟老师既是孩子们的老师，也是妻子、母亲、女儿。在家里，女儿晚间要做功课，老人要看电视和休息，她自己还要备课、学习，爱人全权负责了女儿的学习和家务。在这样的夜晚，家中的电话此起彼伏，无论时间的早晚，无论通话时间的长短，反正，只要电话一响，家里的人就会习惯地叫："迟老师！"——电话都是她的，都是来自家长的，这是迟老师的晚间热线。

每当电话响起，迟老师的心会立刻警醒起来，因为她知道，电话的后面有一颗牵挂、焦急的心。面对这样一颗心，她责无旁贷地肩负起安抚的责任，因为老师的消息会令这颗心平静下来。

家长们在电话接通的时候，往往会说出非常不安却又很渴望的话语。

婧妍的妈妈说："迟老师，您看我多贫呀，我都不好意思了……"

泽龙的妈妈说："迟老师，八点半我就想给您打电话，一直斗争着，想着太晚了不好意思麻烦您了，可是到这会儿（九点多了），我还是忍不住给您打电话，想和您说说孩子……"

大埔的妈妈说："这么晚打搅您，您也累一天了吧……"

翎翎的妈妈也说："迟老师，都休息了吧，这么晚真是……"

此时此刻，迟老师深深理解妈妈们的心情，孩子们会有入院初期的分离焦虑，谁又能说妈妈们这段时期不是在痛苦煎熬中过日子呢！迟老师何尝没有体会过宝宝刚入园的心情呢，仿佛自己的孩子正受着分离焦虑的困扰，仿佛宝宝也在哭着找妈妈，不安地喊道："我要回家！我要妈妈！"

透过惦念孩子的焦急，透过孩子们的哭闹，透过老师工作的艰辛，我们可以看到小花盛开在六一幼儿院这座大花园里，孩子们的笑脸映显在蓝天下，那银铃般的笑声响彻在妈妈的心田里，快乐的时光始终伴随着我们的生活，希望就在我们共同的努力中。

所以说，天下的妈妈都是一样的，这样的时刻妈妈们的心更是一样的，迟老师告诉家长："我希望您能记住，每当晚间电话响起的时候，每当我接通您的电话时，我的心和您是相通的，无论在什么情况下，孩子永远是我们心心相通的桥梁，孩子是您的，孩子也是我们班的，孩子更是我们四位老师的，妈妈照顾孩子会有失误，我们照顾孩子同样会有不周到的地方，但是，我们的心和妈妈是一样的，我们对孩子们的爱也是像妈妈那样无私而不求回报的……"

家长习惯了给迟老师打电话，迟老师习惯了接电话，迟老师的家人也习惯了传电话："迟老师，电话！"

午夜的网页

六一幼儿院的教师们都有一个习惯：当日的幼儿活动都要在当日上传到班级网页上，为的是让家长及时看到孩子在幼儿园的情况，慰藉家长们思念孩子、牵挂孩子的心灵。

这一天，陈洁老师因为下午外出学习回家很晚了，又赶上孩子不舒服，带他去了一趟医院，回到家中照顾孩子吃药入睡后，已是快11点了，想到上午孩子们的活动照片还没上传到班级网页中，家长们得多么着急和惦记。

不顾一天辛苦劳顿，陈洁老师赶紧打开电脑忙碌起来。当最后一张呈现着孩子们笑脸的照片上传到班级网页上时，陈洁老师才深深呼出一口气，揉揉酸痛的肩膀，心情放松了，困意立刻袭上来……

工作还没有做完，按照网页工作的习惯，教师在后台上传照片后还要到前台检查一下是否有问题，就像书籍要出版前的校对，当陈老师点开前台刚上传的网页时，发现已经有了几个点击，她有些惊讶地看看电脑上的时间：00：30！她自言自语："不会吧，这是谁的爸妈呀，还没睡呢，一定是惦记孩子睡不着呢……"

周五的中午，家长们来接孩子，林林的爸爸特意跟陈老师提到网页的事情："陈老师，您12点多了还不休息，还给孩子们上传照片，要注意休息呀！"陈老师开心地笑道："哈，原来是您呀，我说谁呢，12点半了还看网页呢，谢谢您的关心，我们都习惯了，每天不管多晚都要将孩子们的活动上传到班级网页上，让家长们看到放心呀……"

对六一幼儿院教师这种特别的习惯，小年高的妈妈有着最深的体验。历经数月的择园工作告一段落，迎来了入园的日子，小年高高高兴兴地背着心爱的小书包，在妈妈的陪伴下来到班门口，老师们热情地接待着每个孩子。

尽管如此，妈妈的心仍然有所牵挂。出门前姥姥千叮咛万嘱咐，给孩子带上一只红霉素，要是被蚊子叮的包痒痒了，请老师帮他擦一擦。蹲下来写用药记录时妈妈已经绷到极点，手抖着脑子也一片空白，连要写的字都想不起来。将就着写完，把小年高交到老师手里。

老师对小年高妈妈做了个打电话的手势说："晚上等我电话啊！"小年高被老师带进了教室。妈妈看见小年高渐渐地走远了，还是忍不住对他喊："照顾好自己，明天我就来接你！"在看不见小年高的时候，妈妈再也抑制不住，眼泪"唰"地流了下来。

往大门口走的路上，无数家长如小年高妈妈这般脆弱，有的相互安慰，有的相拥而泣。孩子不在跟前了，整个世界仿佛真空了一般。回家的路上小年高妈妈的心很慌，脑子很乱，不停想着的就是：安睡电话什么时候打啊？他渴了能不能马上喝到水啊？他要是拉便便会不会弄到裤子上啊？他要是一直哭怎么办啊？晚上会不会尿床啊？没有盖被子会不会发烧啊？他要是着急了会不会跟同班的小朋友打架啊？打起来受伤怎么办？

老师在晚餐过后发来了短信，说："孩子们都表现得特棒，预计十点会电话联系。"

又一段近似"神经质"的时段在小年高妈妈身上上演了：幻听，绝对的幻听，总以为电话在响，不敢喝水，不敢上厕所，就怕响了没接着；抓狂，近似疯癫的抓狂，没看表，但是估计每次间隔不会超过两分钟，肯定会按亮手机，看看电量，检查信号强度是否满格；嘴碎，自言自语地碎碎念，还不来呢，能不能打过去啊，这合适不合适啊，会不会是第一个接电话的，再等等……就这样神神叨叨地挨到了深夜，老师发来了短信，说开始上传照片了。

原本从学校回来，小年高妈妈就疯狂点击校园网站，希望能看到相关报道，能看到自己的孩子，露个头就成，看看他脸上是否带着笑。但是转念一想，开学忙忙叨叨的，孩子们第一天离家寄宿，还不知得闹成什么样，老师照顾孩子们都来不及，哪儿有工夫整这些啊。

意料之外，老师们不仅把孩子们照顾得很好，还为让家长们放心，连自己休息的时间都搭上了。大半夜的，老师把入园后的生活照整理好，逐一发上来了。刷新，保存，小年高妈妈的眼泪一个劲儿地往外涌，感情在这一刻彻底得到宣泄：他一切都好，吃得倍儿香，玩得倍儿乐，他一切都好！他一切都好！

掉落的刀片

作为六一人，无论在什么岗位上，爱的责任与习惯都是一种不变的情怀。

一天上午，炊事班的师傅们正在给孩子们准备中午的饭菜，切菜的张明亮师傅正在案板上有节奏地给孩子们切着圆白菜。近一个小时过去，张师傅终于"大功告成"，挥动着酸痛的肩膀，看看两大筐宽窄均匀的圆白菜丝，想着中午给孩子们用虾皮炒了又补钙又很香，脸上露出满意的笑容。

顾不上休息，赶紧收拾刀具，他脸上突然露出凝重的神色。原来，在切菜时，不知什么时候，刀把上镶嵌的固定刀片，指甲大小的一块小铁皮被震动脱落了，张师傅立刻冒汗了，心想："这还得了，要是孩子们……"

他不敢往下想了，赶紧在案板上、地上找，都没有找到。他立刻又搬来一个大筐，一把一把地将切好的圆白菜丝都挑到空筐中，在挑到第二筐的中间时，终于在圆白菜丝中看到了那块碎片。张师傅赶紧捡出来对在刀把缺失处，严丝合缝了。张师傅这才把悬着的心放了下来，擦擦满头大汗，接着为孩子们忙碌起来……

找到了碎片，这事并没有完，张师傅在忙完之后主动找到食堂管理员陈述这件事，食堂管理员又在每月一次的伙食委员会上向院长、参会的领导和教师代表说明了这件事。无论是管理员还是张师傅都不会因为怕罚钱而掩盖事实，他们心里只有一个最直接的念头：碎片关系着孩子的健康和生命安全！

"一切为了孩子"绝不是一个口号，而是落实在每个岗位工作中实实在在的行动。六一人就是这样时刻谨记心中的责任，用一贯坚持的爱的习惯，在平凡的工作中为孩子们筑起一道平安幸福的堤坝。

爱传递情义

全家总动员

六一幼儿院的朱金岭老师自喻是"收废品"的，为什么呢？因为她有一双发现可以变成宝贝的废旧材料的眼睛。每当外出购物的时候，看着店里的装潢、小艺术品的摆放、色彩搭配等，她就会想起自己班里的环境，就会想着"这个物品放在我们班会……""如果我们班像这样装饰会……"这样的习惯造成她逛着逛着街就走神儿；聚会的时候，餐桌上别致的酒瓶、饮料瓶会成为她的"猎物"，心想着"这个瓶子如果放在美工区，孩子们就可以用橡皮泥在上面装饰，是做成对称图案还是排序图案……"每次这样想着的时候，朱老师的眼睛就会一直盯着喝饮料、喝酒的人，恨不得让人家立刻就把瓶子放下给她……

这还不算，朱老师的爱人经常和朋友聚会，她总是叮嘱他将别致的酒瓶、饮料瓶等带回来，以致于她的爱人也养成了这样的习惯。每次聚会，朋友们会自觉地帮助他收集，而他每次回家都是高高兴兴地、第一时间拿出当天的

"战利品",拿出还不算,还要帮朱老师将瓶瓶罐罐清洗干净,如果遇到瓶罐边上不平整,他还会立刻找来钳子、改锥修理一番,边修理边自言自语:"要是把孩子手给划破,那可不得了了!"

朱老师的女儿也"遗传"了这样的习惯。一个塑料瓶盖、一个包装盒、一张卡片、一块布头,她都会琢磨能不能给"妈妈的孩子们"变成"宝贝"。

随时的关注和收集,是六一幼儿院老师的一种习惯,这是一种爱的习惯,因为他们心中总是装着孩子们。朱老师把爱的习惯还传递给了家人,可谓为了孩子"全家总动员"。

朱老师在六一幼儿院工作二十多年了,爱人竟然不知道她标准的上下班时间,因为她只有常规的上班时间,没有固定的下班时间。其实,在六一幼儿院,像朱老师这样的情况还有很多很多……

爱的习惯在传递

爱孩子是教育的前提,也是教育的源泉。对老资格保育员李娟老师而言,爱早已成为习惯:对工作认真负责,对孩子无微不至地呵护,不怕脏、不怕累、不计较,无怨无悔地传帮带……李老师不仅把爱传递给孩子们,也把爱的习惯传递给六一幼儿院的年轻教师们。

近些年,年轻保育员越来越多,并且绝大部分是90后。李老师深知培养年轻人的任务是艰巨的,责任是重大的。所以,李老师在工作中,尽职尽责,关心每一个幼儿,对每一天的每一个环节做到细致入微,掌握每个幼儿的特点,不怕脏、不怕累,用实际行动感染着身边的年轻人。

2013年的一天,全体幼儿返院,这也是全院老师最紧张、最辛苦的一天。李老师面带微笑来到了新接的中二班上夜班,同时也有一名新保育员于欢老师跟着实习。李老师和于欢老师都提前一小时来到了班上。此时,孩子们刚开始吃晚饭,李老师的眼神迅速扫过每个孩子,这一眼能观察到所有孩子的动作表情。

孩子们的情绪基本稳定,李老师温柔的目光在一名与众不同的幼儿身上停了下来,他不吃不哭,也不说话,桌上的饭菜一点也没动。李老师来到他的身边,蹲下来,摸摸他的头说:"孩子,你叫什么名字,我是李老师,李老师喜欢你……孩子,你不舒服吗?"

　　见他还是不说话，李老师把头贴着他的肚子接着说："你肚子一定饿了，我都听见咕咕叫了。李老师知道你特别爱喝粥，对不对？"他点了点头。"今天你不想吃馒头和菜，那先把粥喝了好吗？"孩子终于端起碗喝起粥来。原来这个孩子性格内向，是原小八班拆开分到中二班的孩子，面对新的环境、新的老师，他紧张害怕，有些不适应。

　　李老师用耐心接纳、理解、关心着这个孩子。李老师的一言一行，实习保育员于欢老师和上白班的年轻保育员杨旭老师都看在眼里，接下来，她们俩也像李老师那样去观察巡视每一个幼儿的进餐情况。杨旭老师蹲在一个特别瘦小的小女孩身边说："你的馒头和肉都吃完啦，菜怎么还没有吃呀？杨老师知道你喜欢吃馒头，喜欢吃虾，老师告诉你一个秘密，虾可喜欢小油菜啦，你也喜欢吃对不对？让杨老师喂你一口，今天的油菜很香。"她边说边喂，边喂边说："小悦悦喜欢吃油菜啦！"原来这个小女孩有些挑食，不爱吃绿叶菜。

　　在李老师的言传身教下，年轻保育员很快模仿着李老师去观察孩子的进餐情况，并且耐心地鼓励、引导着那些挑食、动作慢的孩子。开学初的几天里，在老师们的关心、呵护、鼓励和耐心引导下，中二班小朋友情绪稳定，进餐愉快，很快适应了中班的生活。

李老师班上的幼儿甜甜，大便干燥拉不出来，蹲了一会儿两条腿就支撑不住了，李老师不顾自己腿疼，蹲着把她抱起来让她稍微用点儿力。过了一会儿还是拉不出来，眼看李老师的腿也无法支撑，跟着实习的于欢老师赶快上前扶住李老师说："李老师我来抱着她。"边说边把甜甜抱了过去，学着李老师的动作去做，过了一会儿，甜甜还是拉不出来，憋得直哭。由于体质原因，甜甜大便偏干，家长、大夫也不建议经常使用开塞露，那怎么办？这时李老师用手打上肥皂抹在她的肛门处，然后用手指伸进肛门轻轻地把前面干燥的一部分抠了出来。当时，年轻保育员杨旭、于欢亲眼看见了全过程，内心无比震动。

秋冬季节换季时，有天夜里突然刮风下雨，气温下降，当时杨老师上夜班，李老师担心她因没有经验，给幼儿找的衣服不合适，就提前给她发短信，并且为了不耽误幼儿早上按时起床出操，李老师又提前半小时到岗协助杨老师找衣服。当天跟着李老师实习的邢宇感动地说："李老师真负责任，真细心，什么事情都想在前，我一定要好好向李老师学习。"从那以后，杨旭、邢宇、于欢等年轻保育员学会了根据天气变化及时为幼儿增减合适的衣服。

李老师不但从行动上感动年轻人，而且从思想上开导她们，从生活上关心她们。新人来到班级工作后，都会感到很疲惫，她们会产生思想波动，李老师都能察觉到这些，及时给予疏导。在她们身体不舒服时，给予关怀安慰，给她们买些去火的饮品或好吃的东西；在精神上经常鼓励她们，针对她们的点滴进步及时给予肯定和表扬，使她们感受到工作虽然很累，但能体会到自己的进步带来的快乐。

年轻人经过李老师的"传帮带"，成长得很快，在工作中都很出色。她们爱六一幼儿院，爱孩子，对工作认真负责。90后的年轻人大多从小生活富裕，没吃过苦受过累，能有这样的变化和成长，是像李娟老师这样爱孩子的六一人感染了她们。六一人坚信，在六一人的共同努力下，一定能将六一幼儿院爱的精髓一代代地传下去。

/二/ 用智慧去爱孩子

师爱是儿童成长和发展的动力，也是生命中创造性的整合力量。幼苗的生长不仅需要土壤肥料，而且需要阳光雨露。儿童成长的阳光雨露就是爱。

北京师范大学林崇德教授说过："疼爱自己的孩子是一种本能，而热爱别人的孩子是神圣！"经受"生命捍卫责任"精神洗礼的六一幼儿院的教师们，正是用这样一种大爱，滋养着一棵棵幼小的嫩苗，似春雨润物无声，却又绵长悠远。

用"生命捍卫责任"的爱，在六一幼儿院教师身上，是一种把全部心灵献给孩子的真诚，是一种倾心为教育的道德素质，更是一种会理解爱、运用爱，为孩子创造爱的环境，把爱种进幼儿心田的能力。六一幼儿院的教师们充满激情地爱幼儿，把爱的能力恰到好处地传递给幼儿。他们用爱呵护纯真，用真诚开启心灵，用智慧孕育成长，让每个幼儿都在爱的空间里，如阳光雨露下的嫩苗般茁壮生长。

枕着老师的爱入睡

《婴幼儿睡眠圣经》的作者马克·维斯布朗博士认为："健康的睡眠习惯才能养育出快乐健康的孩子。"六一幼儿院对于孩子们睡觉的事重视程度非同一般。他们希望每一个孩子、每一天都能够枕着老师的爱，进入甜美的梦乡。

充满爱和智慧的老师们为了引导孩子们能够尽快适应幼儿园生活，保证他们的睡眠时间和质量，呵护他们稚嫩的心灵，总会想出很多新奇有趣的活动，帮助孩子们养成良好的睡眠习惯。

云云到小床上睡觉了

"独自睡觉"对刚入园的云云来说基本上是既陌生又恐惧的事情。她不肯在小床上睡觉，甚至不进睡眠室。当小伙伴们睡觉的时候，她仍旧在建筑区游戏，玩累了就躺在地毯上睡。可当王静老师轻轻地抱起她时，云云马上惊醒，不愿再睡。

像云云这种情形的孩子，六一幼儿院的教师们可谓屡见不鲜。教师们对这种情形有三个高招：第一，同伴诱惑——与玩具一起扮靓小床；第二，亲情鼓励——向家长告知并表扬；第三，关爱体验——感受在床上睡觉是舒服的事。

同伴诱惑

云云最初基本上不独自睡觉，而且从来没有在自己的小床上躺过。王静老师事先在睡眠室的一个小角落里藏了云云最喜欢的玩具凯蒂猫，在云云的小床栏杆上贴了许多五颜六色的小花，对她的小床进行了美化装饰。

在快到睡觉时间的时候，王静老师用神秘的口气对云云说："云云，凯蒂猫今天和咱们捉迷藏，咱们快来找一找。"王老师边说边向睡眠室的方向指了指。

云云丢下手中的"活儿"，睁着大眼睛，好奇地看着老师，问："在哪儿？"王老师顺势拉着云云的手，有意识地带着云云走到她自己的小床边："这是谁的小床呀？"云云认识自己的名字，王老师认为她应该知道这是她的小床，但是她没有说话。

王老师接着轻声说："看看床底下有没有啊？"云云弯下腰去，仔细地看啊看，然后边摇头，边小声地报告："没有。"尽管云云后来找到了玩具凯蒂猫，但对自己的小床仍不怎么感兴趣。

第二天，王老师对云云说："老师知道云云眼睛最明亮了，帮老师看看睡眠室里哪张小床最漂亮，好吗？""好吧。"她愉快地答应了。

在睡眠室，云云一下子就找出了老师扮靓的小床。王老师问："为什么这张床最漂亮啊？""因为床上有许多小花。"云云笑了起来。

"那是谁的小床呢？"带着一些好奇，云云走近小床高兴地说："哇，这小床是我的。"云云终于对小床有了亲近感。

亲情鼓励

王老师找到云云的家长，在与妈妈沟通后，决定让云云体验一下妈妈陪着云云躺在小床上的感受。

云云的妈妈如约来到幼儿院。面对云云妈妈想参观自己漂亮小床的要求，云云像个小主人很爽快地答应了，并领着妈妈进了睡眠室。

在睡眠室里云云开心地给妈妈介绍小床、被褥、小柜子等。过了一小会儿，云云和妈妈高兴地出来了。王老师问云云："你让妈妈看你漂亮的小床了吗？"云云说："看了，妈妈还陪我躺了呢，妈妈说睡在小床上很舒服。"

关爱体验

认识了小床，可是云云仍不爱睡觉，也不愿到小床上睡觉。睡不睡觉和上不上床的拉锯战还在进行，这都在挑战老师的耐心。

又一天午睡时间到了，云云旁若无人地坐在活动室玩自己心爱的娃娃。王老师对她说："云云，你来和我一起当老师，咱们看看哪个小朋友睡着了，哪个小朋友没睡着，好吗？"云云点点头表示同意。

到了睡眠室，王老师和她一起坐在睡眠室的小椅子上玩玩具。过了一会儿，云云有些困了，手中的娃娃都快掉了，眼睛闭上又睁开。见状，王老师引导她到自己的小床上睡觉。结果云云突然哭了起来，独自走到活动室的地板上躺下了。

这次她实在是太困了，并没有拒绝老师拿来的枕头和毛巾被。枕在枕头上，身上盖着毛巾被，云云一下就睡着了。

睡得真香啊！这是她第一次在幼儿园睡午觉，虽然并没有在自己的小床上睡，但老师仍然感到高兴。

下午，王老师当着全班小朋友的面表扬了她，还跟云云妈妈说了她的进步，并奖励她一张凯蒂猫的小贴画。

一天中午，王老师看到云云似乎没有心思玩，显得有些困了，可能是上午游戏的运动量大。王老师摸摸她的脑门，故意说："云云，你怎么有点热啊？老师给你量量体温，看看你发烧了吗？"

云云睁着大眼睛看着老师，点头接受了老师的建议。于是，王老师拿来体温计给她夹在腋下。"你可别动啊，不然体温计掉了就量不准了。"过了几分钟，王老师拿出体温计来一看，故意说："哎呀，云云你这么坐着可能量不准，要不你躺着量吧。"

犯困的她也没有拒绝，却有些哼叽地上了小床，躺下。王老师给她重新夹上体温计。过了几分钟，她就不哼叽了，困了，睡着了。

云云终于接受了上小床上睡觉的事情。这也是她第一次在幼儿园自己的小床上睡午觉。她又进步了，王老师高兴极了！等下午小朋友们起床后，王老师又当着全班小朋友的面表扬了云云。云云感受到在小床上睡觉其实是一件又舒服又快乐的事。

送梦精灵

天色渐渐暗了下来，孩子们在老师的帮助下做好了睡觉前的所有准备。现在，他们正陆续走到自己的小床前，悄悄钻进舒服的小被窝，期待星星、月亮帮他们点亮神秘的夜空。

你也许会觉得奇怪，屋子里怎么会有星空呢？这就是六一幼儿院的教师为了缓解幼儿晚间睡眠情绪采取的小策略——老师为孩子们准备了星空安睡投影灯。毛茸茸的小海龟身体柔软、光滑，睡眼安详。轻轻开启按钮，小海龟背上的星光就可以打到天花板上，伴随着轻柔的音乐，灯光变幻着缤纷的色彩，月亮也在不断地改变位置，好像在和孩子们捉迷藏。

与此同时，老师会适时地为孩子们轻声讲述《送梦的小精灵》的故事，孩子们都希望自己能早早入睡，期待小精灵为自己送上一个甜甜的好梦：

睡觉的时间到了，君君乖乖地爬上小床，不一会儿就睡着了。送梦的小精灵轻轻地飞到了他的枕边。

因为君君是个乖小孩，睡觉时不哭也不闹，不用妈妈哄也不用爸爸抱。送梦的小精灵就从彩色的小篮子里拿出一个甜蜜的美梦，放在君君的头顶上。于是，君君梦见自己和玩具小熊一起钻进墙上的大壁画里。在这里，小鸟唱着好听的歌儿，树枝轻轻地跳舞。君君和玩具小熊坐在一艘小船上，沿着一条弯弯曲曲的小河向前航行，岸两边的树上挂满了各种糖果和点心，他一伸手就可以摘到。一切都美好得无法形容。

看见君君睡得又香又甜，送梦的小精灵开心地飞走了——她还要给别的小孩子送梦呢。

送梦的小精灵来到闹闹家。远远地，她就听见闹闹又哭又叫："不嘛，不嘛，我不要睡觉。我还要再玩一会儿。"

妈妈赶紧说："好……好……不睡觉，瞧你玩得满头大汗，先去洗个澡，做个讲卫生的好孩子。"

闹闹又是跺脚又是打滚："不！不睡觉也不洗澡，我要再玩一会儿，我要吃一块蛋糕。"

闹闹的爸爸妈妈又是哄又是抱，好不容易才让闹闹洗了澡，钻进了小被窝，可他又叫着："妈妈，我要听故事！我要听故事！"妈妈已经累得满头大汗了，可还是耐心地对闹闹说："好吧，好吧。"

妈妈为闹闹讲了一个故事，可讲完故事闹闹还是不肯睡觉。

送梦的小精灵皱紧了眉头，决心要帮助闹闹睡觉。

于是她先用篮子压住闹闹的嘴，然后一屁股坐在闹闹的右眼皮上，一双腿压在他的左眼皮上，过了好久，闹闹才睡着。

送梦的小精灵累坏了，她从篮子里拿出一个灰蒙蒙的东西放在闹闹头上，这样，闹闹就睡得稀里糊涂的，什么梦也没有。因为一个不乖乖睡觉的小孩，送梦的小精灵是不会送他甜蜜的美梦的。

睡眠前奏

> 小上衣在衣架上睡着了，
> 小裤子在挂钩上睡着了，
> 小袜子在柜子里睡着了，
> 小鞋子在抽屉里睡着了，
> 宝宝在床上睡着了。

这首儿歌是六一幼儿院自创的，用来提示小朋友们将自己的衣服放好。

儿歌是宝宝们最为喜爱的语言表现形式，老师们将正确的睡眠行为，编成短小上口的儿歌，带领宝宝在游戏中习得有关睡眠的正确行为。六一幼儿院的老师还擅长用讲故事的方法帮助孩子们识别好坏，并引导习惯养成：

一天，丽丽午饭后正准备去睡觉，忽然听见嘴里还没来得及咽下的食物说话了："哎呀呀，在这里待得真难受，快把我咽到肚子里去吧！"丽丽听见了赶快把嘴里的食物咽到了肚子里。

丽丽刚躺到床上，就听见小床吵开了："快把垃圾从我身上拿开，太脏啦，太脏啦。"丽丽才发现刚才做手工剩下的废纸还在手上，赶快扔到了垃圾筐里。

丽丽拿着最心爱的小兔去睡觉了，刚躺好，小兔边流汗边说："这个地方又热又挤，好想回到自己的家呀。"丽丽听了，赶快地把小兔送回玩具柜中。丽丽又一次躺在了小床上，这时从头顶传来了小卡子和头绳的声音："我们都快喘不过气了，这里压得我浑身都疼！"

丽丽赶快用手摸了摸，果然小卡子都在头上呢！她走下床摘掉头绳和卡子交给了老师，这次再回到小床上，再也没有别的声音来打扰她了，于是丽丽安安稳稳地睡了一个香喷喷的午觉，她的那些"好朋友"呢，也在各自的家中安静地睡着了。

小朋友们好，我是丁丁，早晨起床的时候，我穿好一只袜子后，发现另一只袜子不见了。我拿起鞋子看，没有，我又拿起裤子看，还是没有……我找了很多地方，急得满头大汗，最后在枕头的下面找到了。

妈妈在一边对我说："丁丁，下次脱下的袜子可不能乱放了，要不然就会像今天一样找不到的。"从那以后，每次睡觉前，我都会把衣服放在床边的椅子上摆放好。这回衣服们可不会和我捉迷藏了，每天起床我的衣服都能穿得又快又好了。

"丁丁"不是小同学，是六一幼儿院孩子和老师都认识的手偶娃娃。老师给幼儿示范衣服如何正确归类时，用它来辅助教学。六一幼儿院还利用小图示、儿歌的方法，让孩子们边说边学，边玩边养成好习惯。

夜灯转移

平平是个内心丰富却很少表达的孩子，开学两个星期了，她对于晚上住在幼儿园这件事还是不太情愿。每天睡前，平平总是小声地咕哝着："我要我的小夜灯。"

而上床后，由于没有小夜灯的陪伴，平平常常翻来翻去很难入睡，有时甚至轻轻哭泣。看到平平伤心难过的样子，杨红老师很心疼，并会有意地在床边多陪陪她，拉着平平的手使她安然入睡。可是半夜醒来，平平依然要她的小夜灯。

平平夜间频繁惊醒的情况令人担忧，为了平平能够安心地在幼儿园入睡，六一幼儿院接纳她可以在小夜灯的陪伴下入睡。可是任何人工光源都会产生一种微妙的光压力，这种光压力的长期存在，会使人，尤其是婴幼儿表现得躁动不安、情绪不宁。如何能让平平逐步向科学健康的睡眠习惯转变呢？老师想出了一个好主意。

一天晚上，杨老师让平平依偎在自己的怀里，悄悄地和她商量："班上很多小朋友在家都是熄灯入睡的，晚上的小夜灯太亮了，咱们给它做一间小房子吧。"平平一脸惊喜："杨老师，小夜灯的房子什么样？"

杨老师拿出准备好的硬卡纸，和平平一起动手制作了一间"小房子"。老师和平平一起在小夜灯的外面罩上了新做的"小房子"，有了厚纸板的遮挡，小夜灯的光微弱了很多。平平欣喜地伴着带房子的小夜灯睡着了。

没多久，平平已经习惯了暗暗的小夜灯，于是杨老师又悄悄地换了一个功率更低的灯泡。

随着平平对幼儿园生活的熟悉和热爱，渐渐地，她不再关注小夜灯的有无。此时，杨老师已经帮助平平摆脱了对小夜灯的依恋。平平的睡眠更健康了。

"老鼠"回家

新入园的孩子都有一个适应过程。半个小时过去了，大部分的孩子都睡着了，但还有个别幼儿辗转着，贝贝就没有睡着，嘴里不断地发出声音："我的老鼠，我的老鼠。"这样反复几次，赵老师仔细一听，原来，他想要柜子中的老鼠毛绒玩具。

　　贝贝的妈妈是属鼠的。自从贝贝上幼儿园后，他的妈妈就把这只"老鼠"带来，睡觉的时候就可以让贝贝抱着它。"老鼠"是他的宝贝，入园一段时间了，他还是离不开，可当他抱上"老鼠"后，总是把"老鼠"尾巴往鼻孔里塞。

　　因为贝贝得了鼻炎，他的妈妈希望老师帮助他改掉没有宠物老鼠不睡觉的坏习惯。

　　贝贝坚持让赵老师给他玩具老鼠："小老鼠不在，我会孤独的，我会寂寞的，我不能离开它！"赵老师说："贝贝，小老鼠今天没来幼儿园，它跟着妈妈回家了。"可无济于事。

　　没有办法，赵老师在纸上画了一只老鼠，对他说："贝贝，它像你的小老鼠吗？"他看了说很像，很可爱。老师又说："让这只小老鼠陪着你睡觉吧！"贝贝想了想，然后点点头，不一会儿，他就"抱着"这只"小老鼠"睡着了。

这里的老师像妈妈

　　离开了妈妈温暖的怀抱，六一幼儿院的孩子依然是幸福的，因为这里

的老师像妈妈。六一幼儿院的老师们像妈妈一般温柔，细致地关注着孩子们生活的点点滴滴——吃饭、喝水、盥洗、便便、穿衣、睡觉等，关注着孩子们情绪的细微变化，在琐碎的小事中，充满智慧地将点滴、细腻的爱纳入孩子生活的每一处细节，引导孩子养成良好的生活习惯，保持健康阳光的心情。

亲亲抱抱像妈妈

每天临睡的体检活动，最初的做法是：孩子们排队让老师摸头。时间一长，孩子们对这件事显得有些被动与无奈。有的孩子在即将走到老师跟前时故意绕过去，与测体温的老师捉迷藏；在老师掀开孩子的衣服或被子检查身体时，有些孩子就会下意识地躲闪，跟老师逗乐……

"李老师，您还没有和我抱抱呢！""也还没和我'亲亲'呢！"在对晚间体检环节改革后，孩子们开始寻找机会和李佳老师亲昵，同时给老师也创造了体检的机会。

"亲亲"和"抱抱"就是六一幼儿院针对小班幼儿尝试的以"拥抱＋亲吻"的形式进行晚间临上床前的体检活动。在孩子们如厕后，老师邀请幼儿与自己进行一个亲密的，"告别式"的"抱抱"和"亲亲"。

这两个看似简单的动作，六一幼儿院都有一套标准的要求：在"亲亲"时，教师和幼儿脸贴脸；在"抱抱"时，教师先张开双臂迎接幼儿投入自己的怀抱，并在幼儿扑进自己怀中的同时，教师一只手从幼儿的额头一直抚摸到幼儿的耳后和脖子的部位，另一只手拢着幼儿的腰部，抚摸幼儿的后背以及腋下。这么做的目的是用拥抱和亲吻的形式来感知幼儿的体温是否正常。

按如此"标准"下来，老师照顾那么多孩子，老师们吃得消吗？六一幼儿院的体检环节，如何设计，需要的不仅仅是老师们的智慧，更需要老师们用"爱"解读孩子的需求，从而将这一理性的环节，做得更加自然与温馨。那温柔的拥抱与轻轻贴近面颊的举动，让孩子们感到的是妈妈般的"师爱"，让孩子们那颗因远离父母而焦虑不安的心得到抚慰与满足。

关爱有加像妈妈

旺旺小朋友是全班睡得最早的一个，不一会儿，熟睡的呼吸声中又加入了重重的鼾声。老师静静地观察了一小会儿，鼾声还是不停。于是老师轻轻地走到旺旺的小床边，用手轻轻地托着旺旺的头部，调整了一下姿势，鼾声逐渐地由小到无，最终又回到了安静的状态。

一个小时后，旺旺从床上悄悄地坐了起来，用他的食指和中指做了一个剪刀状，另一只手拎着被角在床上"咔咔"地剪起来，嘴里还发出轻微的声音。

是在梦游吗？心里的疑问让老师更加留心观察旺旺的状态。当老师与旺旺的目光相对时，主动闪烁而过，没有惊扰旺旺的一举一动。

一会儿，旺旺悄悄下床直奔厕所。从厕所回来的他又站在床边，两只小手十指交叉，手指来回跳动。这一动作老师并不陌生，就是今天上午老师"手指游戏"的标准范本。

再继续观察，老师发现旺旺玩了一会儿，悄无声息地上了床，自己盖好被子，好像又睡着了的样子。没过一会儿，他的两只小手又抱在一起放在嘴边，一张一合的，好像在美滋滋地吃东西。那个馋样，很是可爱。

下午起床后，老师找个机会与旺旺聊天，问起了午睡时他的几种"表演"动作，他还真有点不好意思了。"旺旺，没关系，老师就想知道，你是在做什么游戏呢？"老师说。旺旺点点头，有点害羞，有些不好意思地说："我醒了睡不着，在用剪刀剪小汽车呢。""那么这又是在干什么呢？"老师模仿旺旺两手十指交叉的动作，旺旺嘿嘿一乐："我和我的好朋友在跳舞呢。"老师模仿旺旺双手放在嘴边一张一合的动作，好奇地又问："那这又是在干吗呢？"旺旺说："我在吃香香的早饭。""是不是早饭太香了？"旺旺回答："嗯。"

读懂孩子很是不容易，教师需要在工作中加倍的细心留意，保护他们自我表达的愿望和展示内心的举动，接纳幼儿与当下环节不一致的行为表现。

小班幼儿易把假象当现实，这往往会体现在他们的各种行为当中，即使是在睡眠环节也不例外。作为老师，在把握幼儿年龄特点的前提下，用欣赏的眼光观察他们，以积极的心态了解他们，会收到意想不到的教育效果。

鼓励相伴像妈妈

大米身材颇为瘦小，他对蔬菜类食物比较抵触。从第一天来到幼儿园，他就对饭菜产生了强烈的反感，经常是大哭小叫地发脾气，将餐具扔得满屋子都是。汪老师看在眼里，急在心里：孩子在幼儿园寄宿五天，如果不摄入充足营养，会对健康成长不利。

汪老师认真察看了大米的情况登记表，家长在饮食习惯中写道："大米在家中对一些不喜欢的食物会大发脾气。"为此爸爸妈妈感到十分困惑，迫切地希望老师能提供一些帮助。

一天中午，午餐有两个菜，分别是西红柿炒鸡蛋与胡萝卜小丸子，小朋友们吃得非常香，只有大米抗议地大声喊叫："我只吃米饭！把菜拿开、拿开！"说完，把面前的盘子推到了一边。汪老师来到他的身边，轻声地在他耳边说："你看，今天的饭菜多香啊，小朋友们都爱吃！"大米依然拒绝盘子放在自己的面前。

汪老师决定了解一下他对西红柿鸡蛋和胡萝卜小丸子的看法，耐心地轻声地问："你为什么不吃呢？告诉汪老师好吗？"大米指着盘子，生气地说："不香！西红柿太酸，丸子太硬啦！"

汪老师对大米神秘地说："汪老师是魔术师，能把西红柿变成甜的。"大米立刻瞪大了眼睛，露出惊喜的神情，接着马上又歪过头说："我才不信呢！"于是汪老师找来一个盘子，将西红柿炒鸡蛋一分为二，对大米说："你吃一小份，汪老师吃一大份，咱俩一起比赛，看谁最先吃完！"

可大米还是无动于衷，汪老师就故意边假装大口吃西红柿边说："真好吃，幼儿园的厨师叔叔炒的菜可真香！"这时，大米慢慢把头转回来，终于禁不住诱惑，用小勺盛了一小点儿西红柿，放在嘴边用嘴唇抿了一下，汪老师心中暗喜，赶忙引导他吃一大口米饭，假装着急地说："让西红柿和米饭快点吃进去，让它们在嘴巴里'跳舞'，嘴巴一高兴它们就变甜了。"说完汪老师也学着大米的样子和他一起"大口吃"起来，一会儿工夫，一份西红柿炒鸡蛋就被大米吃光了，汪老师也松了一口气。

接下来该攻克胡萝卜小丸子了，汪老师帮助大米将丸子切成小碎块，对他说："大米喜欢孙悟空，孙悟空最喜欢吃胡萝卜，吃胡萝卜眼睛亮，大米吃了也会有'火眼金睛'。"大米回应着点点头,斗志昂扬地说:"我也爱吃胡萝卜丸子,也像孙悟空一样,有'火眼金睛'!"

后来的事情就简单了,在汪老师游戏情境的引导下,大米开始尝试每餐都吃一些蔬菜。看到大米的改变,汪老师及时将孩子的进步反馈给大米的爸爸妈妈,让他们在家中也尝试使用此类方法,家长非常支持和配合。现在的大米和汪老师成了好朋友,吃饭时还得过第一名呢!

超有耐心像妈妈

由于幼儿来自不同的家庭,进餐时的个体差异十分明显,如独立进餐的能力、进餐的速度、进餐量的多少、饭菜的喜好……入院初期,由于要帮助幼儿顺利度过分离焦虑期,舒缓幼儿进餐压力,教师常常会成为进餐环节的主控者:能吃的小朋友帮他多盛点儿,饭量小的少盛点儿,能力弱的小朋友老师喂几口,不爱吃的菜先盛、少盛……随着幼儿逐渐适应幼儿园生活,大多数幼儿的进餐能力也提高了。

看到孩子们的进步,刘佳佳老师很是欣慰。可刘佳佳老师没有因为孩子们有了一点点进步就放松对孩子们的照顾,而是细心地发现了班中三名需要特殊关注的孩子。

瑶瑶是一名偏胖的女生,按照常规的护理应该是饭前先喝汤,少吃主食多吃菜,可瑶瑶却十分挑食,很多青菜她都不爱吃。而一一和阳阳是班中身体最瘦弱的两名小女生,体重很轻,个子也很矮,她们不仅进食量非常小,而且还很挑食,几乎每顿饭都会剩下很多。

考虑到三个孩子的身体健康,刘佳佳老师开始绞尽脑汁想办法,希望尽快帮助她们改变挑食的习惯。为了引导三个孩子主动进餐,刘老师选择了由"被动"变"主动"的"自主选择"进餐方式,使进餐成为幼儿自主、快乐的活动。

首先,在进餐过程中,刘老师为孩子们播放轻松的背景音乐,创造进餐氛围。然后,刘老师通过报菜名及营养介绍激发孩子的进餐食欲。例如,"今天我们吃的荤菜是香香的油焖大虾,虾肉里含有丰富的蛋白质和钙,可以让小朋友的身体更健壮、牙齿更坚硬。今天的素菜是炒素什锦菜,里面有胡萝卜、青椒、木耳。小白兔最喜欢吃胡萝卜了,因为胡萝卜里面有很多维生素。青椒是我们肚子里的清洁工,可以帮助我们清扫肚子里的垃圾。多吃木耳可以让小朋友的头发更黑、眼睛更亮。"

在刘老师的语言引导下,瑶瑶试探性地夹起了一块青椒,刘老师立即夸奖瑶瑶:"瑶瑶真聪明,让青椒先生到肚子里帮瑶瑶扫垃圾,瑶瑶就不会肚子疼了。""——最喜欢小白兔,她在吃小白兔喜欢的胡萝卜呢。""阳阳,你的头发真漂亮,如果多吃木耳,头发就会像木耳一样更黑更亮了。"

除了语言引导外,刘老师还在盛饭的饭量、菜量和进餐位置上做了巧妙的安排:在为孩子分餐时,每桌的餐量都有多、少的不同。孩子餐位不固定,可以自由选择进餐位置、和谁共同进餐。对于肥胖儿和体弱儿来讲,他们的进餐量之间差距悬殊,如果为进餐量小的幼儿盛了满满一碗饭,那将对他造成很大压力,更会降低他的食欲。

有了自主选择,孩子们可根据自己的进餐量自由地选择餐位——饭量大的孩子可选择饭菜多的位置,饭量小的孩子可选择饭菜少的位置——使进餐过程变得快乐、自主。而在饭菜的选择上,由于孩子生长环境的不同,多多少少都会存在一些挑食的情况,看到孩子吃着自己不喜欢的饭菜的痛苦表情,刘老师真有些不忍。

除了通过鼓励、表扬、同伴间学习、游戏等使孩子进食以外,刘老师还采取了让他们自主选择饭菜的策略。

刘老师首先让孩子了解每一种食物的营养都是我们身体中不可缺少的,如果不爱吃的东西一口都不吃,会对我们的身体造成很大伤害。刘老师特意为此创设了"我和蔬菜做朋友"的墙饰,并针对小班幼儿年龄特点为蔬菜赋予了角色:白菜是我们肚子里的医生阿姨,可以帮助小朋友治病;芹菜是肠道里的小警察,可以帮助小朋友抓细菌;青椒是肚子里的清洁工,帮助小朋友清扫垃圾……有了这些可爱的形象,瑶瑶、一一、阳阳在吃饭方面有了很大改变。

当小朋友遇到自己特别不喜欢的饭菜时,刘老师会亲切地告诉她:"如果一口都不吃,身体就会生病的,刘老师知道你不喜欢吃,但是为了身体不生病,我们少吃一些好不好?我们选择一份少一些的吧。"

如果今天的饭菜小朋友很爱吃的时候,刘老师就会引导孩子选择饭菜多的餐位;当遇到自己不爱吃的饭菜时,刘老师就会引导孩子寻找饭菜少的餐位。挑食的孩子有了这样的"特权"，不仅减轻了进餐压力，而且能够主动将盘中饭菜吃完。刘老师看到瑶瑶、一一、阳阳主动吃青菜后，就会及时地鼓励与表扬。慢慢地，三个孩子在进餐时变得更加从容与自信。

接下来，刘老师耐心地引导孩子们每一天多吃一点点，少盛多添，在不给孩子们增添心理压力的前提下，保证孩子们每天的进食量与充足的营养，从而使吃饭慢、挑食的孩子也能够有一种成就感——我也能吃完小碗中的所有饭菜啦！这样一来，不仅缓解了孩子们在进餐过程中的抵触情绪，还能保证他们愉快地进餐。

三个孩子在刘老师的细心照顾下，身体更加健壮了。三位家长纷纷赞叹刘老师的细心与专业，赞扬刘老师为孩子们付出的关爱。刘老师将自己的好方法告诉了她们的爸爸妈妈，请家长在家中也要常做各种蔬菜的菜肴，尝试着用这样的方式——由少到多，逐步帮助孩子养成正确的进餐习惯。

放纵是消极应对孩子需要的方式，控制是对待孩子需要的极端手法，选择才能引导孩子主动的发展。从"快乐进餐选择中"，孩子的进餐压力得到了缓解，挑食的问题得到了很大改善。孩子的一日三餐都在快乐的选择中度过。看着孩子们大口大口吃着香喷喷的菜肴，刘老师会心地笑了。

故事里培育好习惯

大象水壶小鱼喝水

作为一名幼儿教师，虽然工作繁忙而琐碎，但出于对工作的热爱、对职业的尊重、对家长的承诺、对孩子的负责，李硕圭老师坚定了将爱奉献给孩子的信念。因为爱是教育的根本，爱是教育的感情基础，孩子只有体会到这种感情，才会自然而然地"亲其师、信其道"。

作为一名小班教师，新学期的工作顺利进行，孩子们各方面的能力都有所提高。随着时间的推移，李老师发现班上的孩子在饮水的环节中总是因为不愿意参与而表现得磨磨蹭蹭。这样一来，一方面因为天气变冷，水容易变凉，李老师十分担心孩子们喝凉水而肚子不舒服；另一方面，孩子们不急不忙的态度也影响了他们下面的活动；最重要的是，饮水是保证幼儿健康的重要方面。

回想在刚入园的时候，孩子们对于用大壶倒水，用小杯子喝水还是很有兴趣的，而现在的表现显然是对于饮水环节失去新奇感而兴致平平了。怎么改变这种状况？李老师开始认真地思考如何提高孩子饮水的兴趣。

想到孩子们爱听故事，于是李老师用故事给孩子们创设了一个游戏环节，并专门给孩子们讲述了这样一个故事："大象伯伯来到了小湖边，看到小湖中的水干枯了，小鱼渴坏了，就用鼻子给小鱼喷了许多许多的水，小鱼便高兴地在小湖中游了起来……"同时，李老师还特意绘制了两只憨态可掬的大象图画，粘贴在水壶的两侧。

孩子们听到这个故事后，有的眨眨眼睛，有的手舞足蹈地模仿小鱼和大象的动作。在之后的饮水环节中，孩子们纷纷把自己的小水杯举向大象水壶说："大象伯伯快给我的小湖喷点水，我肚子里的小鱼也渴坏了。"而当水杯中倒满了水时，可爱的孩子们就会迫不及待地把它们全部喝下去。李老师看到孩子们从原来的喝水"费劲"到现在的喝水"痛快"，不住地夸奖他们："老师看到你们肚子里的小鱼又快乐又健康，还要替它们感谢你们呢！"

活动初期，李老师考虑到孩子们的兴趣持久性不够，就为孩子们提供了多种饮水工具，如勺子、吸管等，让他们自己体验用不同的工具来喝水，并鼓励他们说出使用各种工具的感受，进而告诉孩子们想让身体棒棒的，就要养成喝水的好习惯。

为了巩固喝水的好局面，李老师还将这个有趣的、行之有效的方法推荐给班上的其他老师，用一致性的原则对待饮水环节。同时，李老师也把这样的经验介绍给家长，从而达到家园配合的目的。

在很多人看来，喝水是一件微不足道的小事，但在李佳老师看来，这却是一件关乎孩子健康发展的大事。她发自内心地爱着班上的每一个孩子，就像爱自己的孩子一样，关注着孩子们生活的点点滴滴。孩子们健康成长了，李老师也就感到内心如同被阳光照耀般温暖明亮。

老师关心健康便便

孩子初入园，良好的生活习惯还没完全建立起来，保护好孩子的身体健康是老师和家长都特别关注的内容。孩子每天的便便情况，牵动着家长和老师们的心。因为，便便对孩子的身体、情绪都会有很多影响。不养成定时排便的习惯，孩子也容易生病。

大有是个身宽体胖、个子高高可是内心胆小的男孩子，也许是对陌生环境不适应，大有一直不肯在幼儿园便便。开学两周了，大有对在幼儿园大便还是非常抵触，每周只能在园中有一两次的大便，并且还因为不健康喝水而大便干燥。

李硕老师开始想办法：上午喝水时，李老师悄悄地在大有的杯子里加一勺甜甜的蜂蜜；中午睡觉时，李老师陪在大有床边，帮助他轻轻地按揉小肚子；下午吃水果时，李老师又神奇地为大有"变"出了一根黄澄澄的大香蕉。

李硕老师从大有父母那里得知，大有以前在家大便是比较规律的，因为以前是日托，所以大便时间是晚餐后。大有还有一个习惯，就是便便要用自己的小鸭子坐便器，而且大有确实没有在除家庭之外的任何场所大便过，不管多难受，大有都要回到家才大便。

大有家长在李硕老师的提示下，将小鸭子坐便器拿到了幼儿园，李老师和大有一起将小鸭子坐便器放在了盥洗室便池旁边，为小鸭子找到了新家。第二天早餐后，小朋友纷纷去盥洗室大便了，只有大有一个人躲在图书区不肯去大便。李老师拉着大有的手，给他讲了一个"肚子里的火车站"的故事，大有喜欢故事里的小精灵，能够帮助小朋友把肚子里的食物装上火车全部运走，最后将食物残渣倒进一个叫"马桶"的容器里。李老师讲的故事把大有逗得"咯咯"笑，大有也乖乖跟着李老师来到盥洗室，坐在自己的小鸭子坐便器上，而且还要抱着那本喜欢的故事书。

大有的进步让家长和老师们感到高兴，可是李老师知道，大有便便的情况有所改观但离健康科学的生活习惯仍有一定的距离，小鸭子也不能一直陪伴大有。接下来，李老师继续思考，想出了更好的办法帮助大有，希望他能和小朋友一样每天自主地去大便。

李老师将厕所便池的墙面上贴了许多卡通小动物，请孩子选择到自己喜欢的小动物家如厕，当然这里面有一只小鸭子；之后，李老师还将孩子们喜欢的小兔乖乖、小猴子、鸟姐姐、喜羊羊"请进"厕所。小兔乖乖会与孩子们一起大便；当宝宝蹲累了，小猴子会给宝宝们加油，请宝宝们再蹲一会儿；鸟姐姐会抖动漂亮的翅膀为小朋友扇走臭味；当小朋友便便完，喜羊羊会奖励给每个小朋友一枚小贴画。大有被温馨有趣的卡通动物吸引，李老师趁机说："大有，快看！你的小鸭子在叫你呢。"大有赶快来到小鸭子家主动蹲下大便了。

大有在李老师细致入微的关怀下，快乐自然地养成了在幼儿园大便的健康科学的生活习惯；李老师在接纳孩子原有生活习惯的基础上，积极想办法帮助孩子慢慢改掉不良习惯，适应新环境，这是教育的智慧，也是师爱的真情流露！

讲究卫生内裤之战

天气渐暖，孩子们开始穿小内裤、小背心睡觉了，值夜班巡视孩子们的时候，王程勤老师发现娇娇光着小屁股，小内裤不知被她什么时候给脱了，揉在了小薄被里。

王老师轻轻拍拍她的小屁股，给她穿好内裤盖上小薄被。等转完全班小朋友再次来到娇娇的小床边时，嘿！这小家伙，怎么又光着小屁股啦？

王老师摸摸她的小肚子，还好温温的，看来是刚刚脱掉没有受凉，王老师边摇头边再次给她穿上，她不满意地闭着眼睛扭着身子不配合……

这一夜，王老师给娇娇穿了三次小内裤，直到半夜她熟睡了才安稳下来。王老师和娇娇的"小内裤之战"持续了三个晚上。

第四天的晨间，陈老师留下娇娇帮助王老师整理小朋友的枕巾，其他小朋友和陈老师外出跑步了。四下无人，老师搂过娇娇悄悄对她说："为什么晚上睡觉时要把内裤脱了呢？"她看了看王老师说："我觉得热，不舒服！"

王老师给娇娇讲了"爱的礼物"的故事，告诉她说："在宝宝的肚子上，有一件妈妈送给我们的礼物，它就是宝宝肚子上的小肚脐。当宝宝还在妈妈肚子里面的时候，妈妈通过一根带子给我们喂水喝，喂饭吃。渐渐的，宝宝长大了，妈妈的肚子装不下宝宝啦，于是妈妈便生下了宝宝，这根带子脱落，就变成了现在的小肚脐，这是妈妈送给我们的礼物。如果我们的小肚脐被风爷爷吹到了，妈妈就会很伤心。宝宝最爱妈妈，所以，小朋友都得穿着小内裤睡觉，保护妈妈送给我们的礼物——小肚脐。"

娇娇睁着好奇的大眼睛望着王老师，好像在问："是真的吗？"王老师点头，还和娇娇拉钩说："娇娇晚上穿小内裤睡觉，如果你热了就告诉老师，老师帮助你打开被子凉快一下再盖上。"

夜幕降临，孩子们听着睡前故事愉快入眠。娇娇入睡前，王老师特意悄悄拉拉她的小手算作提醒"拉钩的约定"。娇娇乖乖睡了，王老师密切关注着她，过了一个小时她开始踢被子，小手又去拽小内裤，王老师赶紧上前帮她掀一掀被子降降温，然后摸着她的小手，又拍拍她，她渐渐平静睡实了。第二天早晨，王老师高兴地对娇娇说："昨天晚上你梦到妈妈没有？我可是收到了妈妈的信息，妈妈说，她看见娇娇穿着小内裤护着妈妈送的礼物睡得可香了！"娇娇高兴地笑了……

在后来的日子里，班上的老师总是告诉她妈妈对她的肯定，还会在夜间给她小床上贴上小桃心，清晨再告诉她这是睡美人夜里给她送来的礼物，奖励她是个讲卫生、爱妈妈的好孩子。当然啦，最初的夜间娇娇还是会下意识地要脱小内裤，毕竟那个习惯是从小养成的，想一下就改了不容易。老师加强了在她的浅睡阶段的关注，只要她一有这样的动作就过去安抚她，让她的身体逐渐适应了与小内裤的亲密接触……同时，老师还让娇娇妈妈在回家的时候也给娇娇讲"爱的礼物"的故事，在家中也穿小内裤睡觉。很快，娇娇这个在集体生活中不太讲卫生的、特殊的睡眠习惯就得到了改善。

/三/ 把爱播种进心田

打开心灵之门

幼儿的心灵，是稚嫩脆弱的，作为一名幼儿教师，更需要给予孩子多一点儿理解和尊重的爱，这种爱能够把每一个孩子爱到心坎里：孩子大胆表现自己时，老师是最真诚的欣赏者；孩子有疑难时，老师是最好的帮手……一个微笑、一个点头、一个眼神、一句鼓励的话、一个等待的动作，都在传递着六一幼儿院教师对孩子的理解和关爱。

幸福每天约定

　　刚上小班的小朋友正处于一个特殊的年龄阶段，那就是从爸爸妈妈的怀抱进入六一幼儿院这个小集体。对于从未离开过家的孩子来说，到一个陌生的环境和人群中生活，肯定会有不安全感，入园分离焦虑由此产生。

　　这也是孩子人生旅途上第一次感受挫折，心理、生理难免受到一定的影响。如何使初入园的孩子们尽快适应幼儿园生活，如何帮助孩子顺利度过这段特殊时期，这些问题都深深地装在了崔明珠老师的心里，成了崔老师开学首要解决的事情。

　　金秋九月，秋高气爽，崔明珠老师迎来了她的孩子们。刚刚开学时孩子们的哭喊在崔明珠老师的心里留下十分深刻的记忆："妈妈，妈妈，我要妈妈！""小朋友又推我了，我好害怕！""我没有朋友，我想要回家找妈妈！"……伴随着孩子们那一阵阵撕心裂肺的哭喊声，夹杂着零星琐碎的小矛盾，孩子们开始了新奇而又陌生的幼儿园生活。

　　第一次离开温馨的港湾走进集体，"适应"是孩子们面临的头等难题。分离焦虑、独立自理、分享合群……摆在面前的这份问题清单虽不冗长却不简单，能否使每一个孩子顺利轻松地度过入园"适应期"，让崔明珠老师真是有些焦头烂额。

班级中有一位被大家称为棒棒的小男孩，他从来没有上过幼儿园，而且一直在平谷奶奶家过着所谓"散养"的生活，平时行为很随意，他的哭声也尤为不同，整天不分时间地哭着喊着要妈妈，好吃的棒棒糖对于他来说根本不起作用，好玩的玩具只能棒棒自己玩，午睡时他一定要崔明珠老师时刻坐在自己的小床边，只要离开了就大哭不止。

棒棒要妈妈的哭喊"传染"开来，给班上其他孩子也带来了想家的情绪。崔老师向同事、书本到处取经，研究孩子的心理，寻找解决问题的方法。功夫不负有心人，经过一段时间的细致观察和学习，崔老师认识到：孩子们是在父母的呵护下长大，父母的怀抱才是他们最安全的港湾。

作为六一幼儿院的老师，如果像妈妈一样爱护他们，适当地给孩子一个约定、一份支持、一份满足，哪怕答应他们一个简简单单的要求，或者给予他们一次展示自己的机会，一个肯定的眼神，孩子们感受到的都是温暖、宽容和心理上的满足，也许就是因为这一次次的满足，孩子才能真正感受到成长中的幸福和快乐。

于是，崔老师在班级中开展了"我爱我的新家"系列活动。崔老师向家长征集了全家福照片，爸爸妈妈们非常配合，都从家里带来三口之家的照片。崔老师把照片布置在了小班楼的公共走廊墙面上。

布置完毕，崔老师带着孩子们到走廊里散步，在这片"幸福墙"上找自己的妈妈。一路上，孩子们哭哭啼啼地走过来，看到了漂亮相框里爸爸妈妈的照片，立刻止住哭声，指着自己的爸爸妈妈看个不停。棒棒这下可见到亲人了，也立刻停止了哭声，他嘴里念叨着："妈妈，我在幼儿园很好，但是我还是很想家，我想去平谷，你什么时候来接我？"听着这些话，崔明珠老师的心都酸了：棒棒这孩子多懂事呀，对自己小家庭的牵挂是那么深，对妈妈的感情是那么细腻。

崔老师蹲下身来抚摸着棒棒的头说："棒棒，你别哭了，崔老师当你的妈妈好吗？"棒棒情绪很激动，哭着说："我就想要自己的妈妈！"崔老师安抚着棒棒，轻轻地说："崔老师知道你想妈妈，这样吧，咱们两个一起约定，崔老师可以每天带你来这儿看妈妈，跟妈妈聊会儿天，好不好？"棒棒高兴地答应了，崔老师趁机说："可是爸爸妈妈告诉我，要看到棒棒的小笑脸才会开心啊！"棒棒马上擦了擦眼泪告诉老师："崔老师，我不哭了。"崔老师立刻表扬道："棒棒果然很棒，我们约定好，每次都让爸爸妈妈看到棒棒的小笑脸，爸爸妈妈也会很开心的。"

就这样，崔老师和棒棒约定了每天都要抽出时间到走廊的"幸福墙"看妈妈。崔老师和棒棒的幸福约定"看妈妈时间"就此开始了，棒棒每一天都非常期盼这一刻，而崔老师不管有多忙都会抽时间来陪棒棒，遵守和孩子之间的约定。崔老师惊奇地发现，棒棒每一次都有令人惊喜的变化，他在看全家福时，哭声渐渐地没有了，甚至还给崔老师津津有味地讲述这张照片里自己和爸爸妈妈一起去天安门的故事。

两周后，棒棒再来幼儿园时，竟然自己走进了小五班。棒棒就像变了一个人似的，变得开心了，他不再使劲抓着爸爸妈妈的衣角不放了，在宽敞明亮的走廊里，只剩下棒棒甜美的微笑了。他笑得那样开心，那样灿烂！

这面"会说话的墙"一直伴随着棒棒的幼儿园生活，每当去欣赏墙上的照片时，棒棒都很开心，还和小朋友开始了交流。

最开心的莫过于崔老师。她用一颗真诚、理解、宽容的爱心，真正走进了孩子们的童心世界，她说："孩子健康快乐地成长，是我职业生涯中最大的幸福！"

生日是个秘密

小班第二学期刚开学，小二班新插班一个孩子——琦琦。小姑娘很内向，总是用大大的眼睛瞅着班上的老师和同伴，来到班上几天了都没说几句话。活动区游戏时，她也是一个人到图书区，自己安安静静地看书，不和小朋友交流。赵老师找机会接近她，谁知她对老师不理不睬，一点也不"领情"。

一周过后，家长在联系册中提到："我们每天关注小二班的网页，看到了孩子们丰富多彩的活动，但是，我们发现琦琦笑得不是很开心……"看到这里，赵老师想：是啊，孩子从家中来到一个陌生的环境里学习、生活，对于她来说，是多么不容易啊！我们怎样才能接近她，实现"让孩子在幼儿园开心度过每一天"的承诺呢？

在困惑中，赵老师仔细翻阅《幼儿园教育指导纲要（试行）》，看到这样的话语："综合利用各种教育资源，共同为幼儿的发展创造良好的条件。"于是，赵老师仔细翻阅家长写给老师的幼儿情况登记表，意外地发现，琦琦的生日是 3 月 10 日。发现这一个小秘密让赵老师很惊喜，如果利用好这个机会，或许是一把能打开孩子心灵之门的钥匙。

3 月 10 日马上就要到了，琦琦很快就要过生日了。3 月 7 日是周一，又到了家长送孩子的环节，琦琦的妈妈主动和赵老师商量："周四就是琦琦的生日了，想请幼儿园的老师和小朋友一起为琦琦过四岁生日。"

赵老师一听，欣然同意了家长的要求，并与家长协商好需要准备的事情。于是，赵老师开始精心准备送给琦琦的生日礼物，送什么好呢？通过这两周的观察，赵老师发现琦琦特别爱看书，于是为她精心挑选了一套好看的图书，并精心包装好。

赵老师还有一个设想：琦琦生日当天，组织班上的小朋友们为琦琦集体创作一幅生日画。想到这里，赵老师的脑海中开始想象琦琦收礼物的情景，她会记住这个难忘的生日的。

3 月 10 日，早晨起床时，赵老师边为琦琦整理衣服，边在她耳边悄悄地说了一句话："今天是咱俩的生日，你先不要告诉小朋友们哟。"琦琦惊讶过后，低下头腼腆地一笑，接着，马上滔滔不绝地说："赵老师，我今天还要请小朋友吃蛋糕呢，爸爸妈妈答应我的。"看来，今天的生日对她来说很重要。

上午教育活动时间过后，小朋友们围坐成大圆圈，赵老师神秘地说："告诉大家一个秘密，今天，我们有一位小朋友过四岁生日，是谁呢？我们先保密。现在请大家一起来为这位小朋友画一幅生日画，等画好，大家就能知道谁是小寿星啦。"

小朋友们异常兴奋，立刻拿起五颜六色的彩笔画出了心中的礼物。很快，生日画完成了，赵老师笑吟吟地为琦琦带上生日帽，把琦琦爸爸送来的大蛋糕摆在琦琦面前，为她插上了四根蜡烛。小朋友们露出了惊讶和羡慕的目光。

琦琦一直低着头，紧咬着自己的嘴唇，看得出来，她一定很紧张。赵老师拉着琦琦的手，对全班小朋友说："再告诉大家一个秘密——今天是琦琦的四岁生日，也是赵老师的生日，所以，我为琦琦准备了一份生日礼物，让我们一起为琦琦庆祝生日吧！"

小朋友们高兴地拍起手来，并跟随着音乐一起唱起了生日快乐歌，琦琦慢慢抬起头，看看蛋糕，看看同伴，最后，她看到了赵老师的目光，目光里充满着爱意与鼓励。琦琦笑啦！她和赵老师一起为大家分蛋糕，合影留念。

从此，因为一个曾经的共同秘密，因为同一天生日的缘分，琦琦和赵老师的距离慢慢拉近了。自从过完生日，琦琦的话比以前明显多了，图书区里会听到琦琦为大家讲故事，还将她在之前幼儿园的事讲给大家听。周一见到老师，她会高高兴兴地背着小书包跑进教室，扑到老师的怀中。和小朋友一起玩时，琦琦也会开心地大笑了。

安睡保守秘密

"王老师，晚上你给我说个秘密好吗？"只要王程勤老师上夜班，4岁的苗苗就会急切地向她提要求。

开学两个月了，苗苗的情绪越来越好，晚上睡觉也越来越乖，这都是因为和王老师之间的那个"秘密"呀！

苗苗的父母工作非常忙，从小由爷爷奶奶带着，二位老人对她照顾得非常精心，苗苗没离开过家人。刚入院时，苗苗胆子小，一到天黑就开始哭闹，情绪也特别不好，一到上床睡觉时间，常常是哭得撕心裂肺，还影响其他小朋友休息。

当老师哄哄或抱抱她时，她又会像小猫咪一样依偎在老师的怀里很安静，与刚才哭闹时判若两人。王老师发现苗苗缺乏安全感，但她还是很懂事。

一天，又将入寝。王老师一把抱起准备张嘴大哭的苗苗。趴在她耳边悄悄说："你乖乖躺下，老师要告诉你一个小秘密，还要送一个小礼物给你，记住啊，就咱俩知道的小秘密，你可别大声哭叫啦，要不然其他小朋友都听到了就不是小秘密啦！"

王老师的话打断了苗苗小声儿的哼叽，她似懂非懂地暂时不大哭了，躺在床上目光追随着王老师。王老师将一块巧克力糖藏在手心里，走到她的小床旁偷偷给她看一下，然后趴到她耳边说："我告诉你的秘密就是，王老师最喜欢不大声哭、能等着我的苗苗了，我要给苗苗送块香甜的巧克力，你快睡觉吧，明天早晨一睁眼就可以吃到了！"

苗苗看着王老师把巧克力糖放到她的柜子边上，不再大哭大叫，拉着老师的手一会儿就睡着了。第二天一早，王老师悄悄地找机会把巧克力糖给了苗苗，苗苗记住了这个"秘密"带来的甜美和安心。

接下来半个多月的时间里，每当苗苗上床前哭闹时，王老师就会将手放在嘴边做嘘声的样子，对苗苗说："小秘密、小秘密……"苗苗就会尽量保证自己不哭，默默地跟着小朋友一起脱衣上床，乖乖躺着等着"小秘密"的到来。

王老师跟苗苗之间的"秘密"不仅仅有糖果，还有纸折小船、纸折小房子、小风车、小沙包……好多花样翻新的小玩意儿。

王老师建立起来的"秘密"通道，帮助苗苗尽快适应了幼儿园的生活，使她养成了按时睡眠的好习惯。苗苗在睡梦中感受老师浓浓的爱，健康快乐地成长起来。

专心获得满足

或或是一个很招人喜欢的小女孩，刚刚升入中班，小嘴很会说话，常常会让大人也沉浸在她的"甜言蜜语"里。每天早晨来幼儿园，她总会远远地冲你微微一笑，甜甜地叫一声："刘老师好。"那甜中带娇的声音让你顿时增添了许多亲切与欣慰！

然而，如此乖巧的或或却有一件令父母很头疼的事——做事注意力不集中。他们也主动和班上的刘佳佳老师反映了孩子的情况。这种情况在班中表现更为明显：瞧，早餐后的区域活动时间，或或在音乐区没玩几分钟就来到了建筑区，看了一会儿后又去了图书区，随意翻阅了几本书又来到了娃娃家。

区域活动时间应该是孩子们最快乐的时光，可在或或的身上却丝毫看不到游戏的快乐。是老师投放的区域材料或或不喜欢？是或或没有好朋友陪她一起玩？还是或或不会玩？……看到或或每天游走于各区域之间不快的表情，刘佳佳老师心中很是纠结。于是在区域游戏时间，刘老师尽量抽出更多的时间陪伴在或或身边，细致地和她进行交流，希望能够帮助或或寻找到游戏的快乐。

几天的亲密陪伴，刘老师对或或有了更加清晰的认识。由于或或做事注意力不集中，时常出现只听一半就走神的现象，因此对于每个区域的规则和玩法都不会。或或来到建筑区，同伴们正在尝试搭宝塔，需要她找一些粗大的圆柱形，她却找来了长方块，小伙伴批评她找的材料不对，还说她脱下的鞋也没有摆好，都不愿意跟她一起玩。

当刘老师看到或或不舍地离开建筑区时，真想立即走向前当她坚强的后盾支持她继续游戏，但刘老师知道这样的支持并不能解决或或的实际问题，她仍然不能获得游戏的快乐。而真正该做的应该是让或或了解每种游戏的玩法与规则，自己会玩儿，同伴认可她，帮助她在游戏中取得自信和愉悦。

于是，每天区域游戏陪伴或或成了刘老师日常工作的一部分，刘老师总是让或或选择自己最喜欢的区域游戏，不厌其烦地耐心讲解，在刘老师的坚持陪伴下，或或渐渐熟悉了每个区域的规则，开始知道了每种材料的玩法。

区域活动结束后，刘老师会主动邀请或或演示玩具的正确玩法，强化她的正确行为。慢慢地，或或的笑容变多了，刘老师的心也踏实了很多。

后来，刘老师有意减少游戏的陪伴时间，希望或或在独立游戏时也能够开心快乐地坚持游戏。有一天，刘老师在益智区陪着或或玩拼图，玩了一会儿后，刘老师对或或说："刘老师有点事儿，但这幅画还没拼完，你能帮帮我吗？我相信你一定能把这幅美丽的图画拼出来。"或或甜甜地一笑，点了点头。游戏结束时间快到了，刘老师发现她还在认认真真地拼，而且拼图作品已经基本完成。

区域游戏结束后，刘老师让小朋友参观了她的作品，并向她竖起了大拇指，她高兴地笑了。或或在游戏中注意力集中的时间越来越长，游戏的成功带给她无尽的快乐，在小朋友心目中的威信也越来越高，喜欢她的同伴越来越多。

在刘老师的默默帮助下，或或不再频繁换区，偶尔还能坚持玩完整个活动时间。在游戏中，或或不仅获得了游戏的快乐与满足，还不时地有一些创新，上课听讲的注意力时间也变长了。

刘老师将这个好消息告诉了或或的爸爸妈妈，并告诉他们老师采用的方法。爸爸妈妈效仿后，或或在家中也有了很明显的变化。现在或或的脸上又恢复了往日甜美的笑容，刘佳佳老师的心也踏实了。

爱让孩子收获多

师爱是教育的"润滑剂"。当教师全身心地尊重、接纳、帮助孩子，做孩子的贴心人时，师爱就成了一种巨大的教育力量。正如天空收容每一朵云彩，因此天空美丽无比，六一幼儿院成为孩子们快乐成长的园地。孩子犯错时，多给孩子一个机会；孩子胆怯时，多给孩子一些鼓励与等待。

霏霏找到自信

霏霏是个文静、漂亮、不太爱说话的小女孩。

一开学，朱金岭老师就发现她的十个手指都被咬得脱了皮，一层一层的，有的地方还露出了鲜红的肉，让人看了十分心疼。朱老师从霏霏的父母那里了解情况：霏霏非常胆小，特别爱紧张，只要紧张就有咬手指的习惯，学习、游戏，甚至睡觉时小手都在嘴边。

霏霏的家长非常着急，可越是提醒她，霏霏就咬得越厉害。霏霏妈妈说："朱老师，您帮帮我吧，我担心的不仅是女儿小手的美观，更害怕会影响到孩子的心理健康。"

其实，霏霏自己也很在意，从不让任何人碰她的小手。

身为母亲的朱老师能够体会霏霏妈妈的担忧，同时，作为有着多年教学经验的朱老师开始思考如何帮助霏霏让她的小手尽快好起来，并培养她勇敢大胆的良好性格。

利用周末时间，朱老师特意去选了一盒精美的儿童护手霜。星期一，霏霏来到幼儿园，朱老师就把她拉到一旁悄悄地说："朱老师送霏霏一盒护手霜，经常擦，小手就会又白又漂亮的，霏霏愿意试试吗？朱老师每天帮你擦，好不好？"霏霏用一双大眼睛看着朱老师，轻轻地点了点头。朱老师将食指竖起靠近嘴边接着说："这可是咱们两个人的小秘密哦！"霏霏的眼睛一亮，使劲儿点了点头。从那以后，朱老师无论多忙，都不会忘记给霏霏擦护手霜，每次擦时都夸她的手越来越漂亮了。

坚持擦护手霜能够缓解霏霏手指脱皮的现状，但是想要"根治"吃手的习惯，必须从培养霏霏的自信心开始。

日常生活中，朱老师会请霏霏给小朋友发纸发笔，请她带领小朋友听音乐做运动，鼓励她当值日生小组长。学习时，朱老师请她回答一些简单的问题，每次朱老师和全班小朋友都一起拍手给霏霏加油。

朱老师还会经常用眼神、动作和霏霏进行交流。当她忍不住想把手往嘴里放时，朱老师就会流露出伤心难过的眼神，再冲她轻轻摇摇头；当霏霏放下手时，朱老师就高兴地点点头，冲霏霏伸出大拇指。

朱老师智慧的爱如涓涓细流慢慢浸入霏霏心田，经过一段时间坚持不懈的培养，霏霏的小手真的好了，更重要的是霏霏的心也打开了。现在霏霏不仅能在全班面前做运动、带操，还可以声情并茂地讲故事、说儿歌，积极举手回答各种问题。

朱老师对霏霏个体问题的关注以及正面引导，让霏霏感受到老师对自己的爱，朱老师更是用自己的一颗爱心、一双慧眼，帮助霏霏克服紧张胆怯的心理，重获自信。

思盈选择阳光

在杨意老师的班里，有一个小姑娘叫思盈，她是那样的安静，一天下来，如果不发生什么意外，你会觉察不到她的存在。每回小伙伴和她交流，她最多就是点点头或摇摇头而已。就是这样一个外表柔弱安静的小姑娘，总是叫人想去开启她内心的那扇大门，透一丝阳光，让她能开心地享受每一天的生活。

一天，在活动中，杨老师和孩子们一起讨论着关于开心与不开心的事，轮到思盈发言了，杨老师像往常一样耐心地等待着，过了好一会儿，思盈怯怯地说："我不想说。"顿时，教室里的空气仿佛瞬间凝固了，孩子们的眼睛齐刷刷地看着老师，杨老师心里也一愣，但出于对思盈的理解，还是接纳了她的选择。

原本已叩响的大门，依然紧紧地没有丝毫的改变。接下来的环节，是让孩子们将自己不开心的事画下来。杨老师悄悄地观察着思盈，只见她坐在那里，半天没有动笔。于是杨老师走过去蹲在她身边，悄悄地对她说："现在你能告诉我不开心的事是什么吗？"她犹豫了好一会儿，用几乎难以觉察的声音说："我很想姥姥，可是最近一直没有去看她。""哦！"终于开口了，真不容易，杨老师悬着的心也随之放下一些。杨老师一边对思盈的情感表示理解，一边鼓励思盈大胆地说出自己的想法："老师知道，思盈想姥姥了，想把这件事告诉大家，好吗？"思盈点点头，但这次的点头不再是像以往那样拒绝与别人交往，而是用自己的眼神传递给对方愿意继续交流的信号。

抓住这个时机，杨老师接着又问："需要老师帮你吗？"思盈又一次轻轻地点头说："我不知道该怎么画。""没关系，这次老师帮助你，下次你不是

就会了吗！"思盈的脸上出现了淡淡的笑容。这次可以说是思盈上了大班后和老师（别人）交流次数最多的一回。

在接下来的分享环节中，为了让思盈体会到"说出心里话"的轻松心情，杨老师特意征求她的意见，问她是否能把这件不开心的事讲给大家，可是得到的回答依然是小脑袋的轻轻摇动。杨老师悄悄地问："老师帮你把这件事告诉大家，听听小朋友会给你出什么主意，怎么样？"思盈点点头，她同意了杨老师的建议。

在接下来的交流中，热情的小伙伴们给思盈出了许多的主意，杨老师对全班小朋友说："孩子们，我真为你们感到高兴，你们能想出这么多可行的办法帮助思盈解决烦恼，思盈，你是不是都想马上试一试？"杨老师这么一问，孩子们都笑了，淡淡的笑意瞬间掠过了思盈的小脸，很快变成了羞怯的表情，但杨老师清楚地感到思盈的心扉已经打开。

一次分组活动中，思盈主动跑到了另外一位老师的组里，杨老师十分惊奇地问："思盈，你怎么在朱老师的小组里？"只见她笑眯眯冲着杨老师说："我想今天和朱老师学，明天和杨老师学。""哦！我明白了，你是想轮流跟我们俩上课呀！"说完杨老师笑着摸摸她的头表示对她这一选择的赞赏。

思盈顽皮地吐了吐舌头，跑去搬小椅子了。看着她小小的背影，杨老师幸福地笑了，鼓励、赞赏或许像一只手，把思盈心中的那扇与人交往的大门推得更开了，并拉着她在与他人主动交往的过程中，感受着自信的阳光与快乐。

瑞瑞得到尊重

学习尊重、承认儿童，使教师摒弃了以往一把尺子衡量幼儿发展的教育观念，帮助教师找到了教育每个幼儿的不同方法，更便捷地走入童心世界。在新观念的指导下，"承认儿童"的教育思想，对迟芳老师的教育行为起到了巨大的推动作用。

瑞瑞的爸爸来接孩子了，瑞瑞兴冲冲地拿着自己的画跑到爸爸身边大声说："爸爸你看我画得棒不棒？"瑞瑞爸爸看到自己儿子的画皱起了眉头，说："你画的是什么呀？看看别的小朋友画的！"

瑞瑞小时候很少进行精细动作的训练，所以手部小肌肉发展得不好，刚入园的时候连握笔都不会，是迟老师耐心地一次次教瑞瑞如何正确使用笔，引导瑞瑞从尝试涂色开始，瑞瑞刚刚对绘画产生了兴趣。

原本兴奋的瑞瑞听到爸爸这样评价自己的作品，很不开心，低下头，撅着小嘴一声不吭。迟芳老师看到了赶紧对瑞瑞说："瑞瑞，快给爸爸数数，咱们今天这幅画用了几种颜色。"

原来瑞瑞总是一支笔一种颜色画整幅画，这次经过老师引导比上次画的颜色多了不少。瑞瑞认真地数了起来，大声地告诉爸爸："我用了六种颜色！红色的太阳、蓝色的云……"

迟芳老师接着说："我们瑞瑞画的是笔宝宝开舞会呢，和别的小朋友不一样，瑞瑞爸爸你再看看！"瑞瑞的眼中闪过一丝亮光，连忙点头。瑞瑞爸爸有些了解迟老师的用意，也觉得"有点像了"。

尊重幼儿就要保护他们的自尊心，接纳孩子不同的学习方式，允许幼儿以自己的学习进度主动学习和发展。迟老师一方面帮助瑞瑞学习使用绘画工具、激发绘画兴趣，另一方面对瑞瑞的点滴进步给予充分的肯定，帮助瑞瑞建立自信。

有一天，瑞瑞在一张画有两条平行线的纸上涂画着，迟老师走过去问他："瑞瑞，你这是在画火车轨道吗？"只见瑞瑞把两条平行线两头一连成为一个长方形，在中间涂上颜色，又在长方形的上方画了几个竖道和圆圈，瑞瑞说："迟老师，这是我的大蛋糕，我要送给你，我爱你！"

迟老师非常激动，将瑞瑞拥入怀中："谢谢瑞瑞，这是迟老师最喜欢的蛋糕！迟老师太高兴啦！"接下来，迟老师在这张画纸的上方画了一个黑点，又用两条斜线将黑点与画框两边连起来，表示画被挂在墙上的钉子上，瑞瑞用信服与温和的目光望向迟老师，迟老师读出他眼中的开心与自信。

迟老师对自己向新教育观的转变感到高兴，这是自己通过反复学习与观察得来的，是自己真正在心里做到尊重儿童，在行为上承认儿童得来的。面对幼儿成长的新挑战，迟老师已经把对幼儿的尊重、承认与教育，融化到了一日生活中，融化到了随机教育中，融化到了自己的心血中……

乐乐相处和谐

一次美术欣赏活动中，孩子们争相表达每个花瓶美丽的原因，有的说花纹、线条好看，有的说颜色鲜艳，只有乐乐坐在那里大喊："太难看了，太难看了！"旁边的小朋友疑惑地看着他，并开始告状："老师，乐乐说难看。"

平时无论老师怎样引导，乐乐这个孩子总是不愿参与集体游戏，每到区域活动时间他就显得特别不自在，不合作。但今天这么漂亮的花瓶，乐乐一定不会认为难看的，可是他这样说是为什么呢？是吸引老师注意，还是不愿与别人观点相同？总之，一定是有原因的，在集体面前公然唱反调，这是在试探教师的反应吧。

片刻之后，李硕老师微笑着对孩子们说："每个人的眼光和观点都是不一样的。比如，老师今天穿的这身衣服有人会觉得好看，而有人也会觉得不那么漂亮，这都是正常的。"李老师没有直接把话题面对乐乐，而从另一个角度为他解释，似乎也在为乐乐刚才不太适宜的做法找了个正当的理由。

刚才愤愤不平的小朋友们释然了。乐乐则有点不好意思，又有些意外地看着老师。李老师回应给乐乐满带笑意和鼓励的眼神，继续跟孩子们一起欣赏美丽的花瓶，乐乐也一反常态，开始试图参与到小朋友们的活动中。

课后，李老师想，经过这件事，乐乐一定感觉到了老师对他的宽容和接纳，他会更加信任老师和小朋友，从而敞开自己的心灵。于是，李老师趁热

打铁，以心理课题组本学期在活动区活动时观察的侧重点为指导，借着益智区增添了新玩具的契机，提议大家都来动手动脑，尝试挑战，并有意地将目光更多地停留在乐乐身上。

没想到，第二天乐乐就开始研究那个很难的玩具，他能够边看图边进行拼插，选择的材料也很适宜。讲评活动时，李老师引导乐乐给大家讲一讲自己的新发现，鼓励大家向乐乐学习，玩这个玩具遇到困难也可以找乐乐帮忙。乐乐得到了极大的鼓舞。

从那天开始，李老师故意忽略乐乐身上一些不"和谐"的举动，坚持每天让乐乐说一说自己在活动区的收获，有时在集体面前，有时是师生两个人的交谈。

李老师坚持不懈的宽容与鼓励，让乐乐的心扉真正地向大家打开了。如今的乐乐，已经能快乐地与小朋友们玩儿成一片了。

/四/ 让孩子学会去爱

让孩子体验接纳

《学习的革命》一书中有这样一句话："如果一个孩子生活在鼓励中，他就学会了自信；如果一个孩子生活在认可中，他就学会了自爱。""金凤凰"可爱，"丑小鸭"更需要阳光。六一幼儿院的教师们尤其关注那些缺乏自信的孩子，给他们多一份爱心、多一声赞美、多一个微笑，为他们提供更多体验成功的机会，出自真心地去鼓励、去赞扬，让他们从胆怯、内向、气馁中走出来，变成美丽的"白天鹅"。

爱创造奇迹

刚入园的幼儿哭闹不止，正处在情绪的焦虑期，再加上生活自理能力较差，经常让小班老师感到非常苦恼。而六一幼儿院是寄宿制幼儿园，孩子们从不同的小家来到六一幼儿院这个大家庭，离开了亲爱的爸爸妈妈，面对陌

生的环境，陌生的老师，陌生的伙伴，一切的一切对于一个三岁的孩子都是那么难以适应，而作为六一幼儿院的老师，需要承担的是更多的责任，给予每个孩子更多的关爱，让他们接纳老师，觉得老师是可以依靠和信赖的人，让他们感受到集体的温暖和安全，这就需要老师付出更多智慧的爱。

常娜老师班上有一对双胞胎——大宝和二宝，他们看上去一模一样，行为具有相似性，也显现出鲜明的个性，哥儿俩之间天生就会使用一些只有他们自己才懂的语言。比如，如果大宝对二宝说"拿拿吧"，那么无须任何别的提示，二宝就会把哥哥想要的玩具递给他，但老师和其他孩子却不明白他们在说什么。

有时候二宝把玩具扔在地上，大宝就会把正在喝水的杯子也扔到地上；大宝不吃饭，二宝就不吃菜；大宝自由地跑到盥洗室，二宝就会溜到床底下；更可怕的是大宝这边尿裤子了，二宝那边就拉裤子；睡觉的时候经常一起大哭，生活自理能力几乎为零。他俩就像有感应，牵扯着班上老师所有的精力，也影响着班集体的正常生活。

"怎么办？家长把孩子交给我们给予的就是一份信任。"常老师思考着，"六一幼儿院的特色就是养成教育，七十年来的积淀，半个多世纪的探索践行，教育的主旋律就是爱的旋律——养成于生活，养成需真爱。决不能放弃，只要有爱心的老师，就没有改变不了的孩子。"常老师暗下决心。

周一入园是他俩情绪最不稳定的时候，常老师尝试着把他们分开，带着大宝先进活动室，抱着他看看这儿看看那儿，搂着他一起玩儿他最喜欢的小汽车，依偎在常老师怀里，大宝的心情慢慢放松下来，注意力转移到他带来的这辆小汽车上，而且开始介绍自己的这辆"名车"。

二宝的入园情绪稍好一些，常老师就安排班上的生活老师先带他到外面去玩儿一会儿，等他进教室后发现大宝这么开心，很快也参与到汽车的话题中。一般人认为，双胞胎在任何方面都非常相似，甚至完全一样，其实不然，除了外形相似以外，他们有不同的个性和兴趣特长。

常老师还根据他俩各自的性格、爱好给予他们自由选择、自由发挥的空间。比如，餐后区域活动时，让他们根据自己的喜好来选择不同的区域活动，虽然他们都喜欢汽车，但大宝喜欢进建筑区搭马路，来摆弄他的汽车，二宝则喜欢去图书区看各类车的书籍。常老师通过给予他们自主权，提高自我意识，让他们觉得自己在慢慢长大，要做个独立人，不要做另一个人的影子。

常老师在他们暂时分开的时间，总会及时给予关注，用爱心以及耐心，发现他们的闪光点。当看到大宝拿着小汽车在建筑区"驰骋"时，摸摸大宝的头，送给他一个夸赞的微笑，在图书区帮助二宝找来不同的书籍，鼓励他多看书。渐渐地，他们彼此之间减少了依附性，提高了好行为的影响力。

常老师还特别手巧地把钢琴装饰成爱心小屋，每当孩子们自由活动时，大宝、二宝想妈妈时，常老师总会带着他们来这里唱唱歌，聊聊天，弹弹琴，耐心地与孩子们交谈。因为小哥儿俩对汽车很痴迷，常老师买来了许多精美的车的贴画。每周的家园联系册是小朋友最关注的事情，常老师就与小哥儿俩约定，表现好有进步，就让他们自己选各种车的小贴画，并且自己亲手贴到联系册上，周末时带回家给爸爸妈妈看，小哥儿俩别提有多高兴了。

就这样，对他们取得的每一个小进步，常老师都及时给予鼓励。集体活动时，常老师会不停地注视他们，频频向他们点头、微笑，提问时也会用肯定性的手势或语言表示对他们的接纳和赞许，让他们增强自信心，感受到集体生活的乐趣。

一天又一天，小哥儿俩的生活自理能力有了很大的提高，学会收拾自己的玩具了，会上厕所了，也不大哭大闹了，遇到问题也会用语言表达了。有时会发现他们没有缘由，走到常老师身边拉拉常老师的手，抱抱常老师，那是在说："常老师，我喜欢你！"而常老师也会和他们会心地相拥一笑。

常老师用爱的方式一天天帮助他们，同时利用业余时间，每天与他们的爸爸妈妈电话交流，通过与家长的沟通、家园的合作，孩子们进步得非常快，小哥儿俩现在已经能够与小朋友们一起正常的学习生活了。孩子的爸爸妈妈激动地流下了热泪："感谢常老师接纳了我们的孩子，感谢六一幼儿院给予孩子快乐成长的天地！"

爱获得信任

小班开学一个多月了，慢慢地进入了秋天，天气开始变凉了。这个时候，正是幼儿易生病的时节，小班的幼儿又不太会表达自己的想法，在幼儿园，教师们非常注意孩子的健康问题，对孩子的照顾也非常细致。每天都会在幼儿户外活动前和如厕后，对孩子的衣服进行整理，摸摸兜里是否有硬物，衣服是否掖好，有没有衣服尿湿、溅湿的情况。

在一次下午的户外活动中，王蕊老师和班级的孩子们正在操场上玩儿游戏，玩儿得正高兴，王老师突然看到迎迎在追小朋友的时候，走路的样子很奇怪，于是，王老师就有意地靠近了迎迎。走近后，王老师发现迎迎的裤子尿湿了，迎迎并没有马上告诉老师，而是和小朋友继续玩儿游戏。

王老师看到这里，非常担心孩子着凉，赶紧抱起迎迎，快步回到班里更换衣服。给迎迎更换衣服时，王老师发现迎迎的鞋和袜子也尿湿了，但迎迎的书包里没有更换的鞋和袜子。这可怎么办呢？考虑到天气有些凉，为了避免孩子生病，王老师急中生智，临时借用了其他小朋友的一双袜子给迎迎穿上了，然后再让她穿上了自己的拖鞋。

王老师和迎迎妈妈取得了联系，王老师在电话中告诉妈妈：孩子尿湿裤子，老师已经及时帮忙更换，请家长放心。由于迎迎家离得比较远，王老师就让迎迎妈妈接孩子时再送衣服过来。王老师与迎迎妈妈沟通后，刚刚挂上电话，其他孩子就回到班上准备洗手喝水了。

迎迎看到小朋友回来后，马上把自己玩的玩具收了起来，拉住了王老师的手，王老师担心迎迎穿着拖鞋摔倒，就一边领着迎迎往盥洗室走，一边说："迎迎，王老师也带你去洗手，喝点水吧。"快到盥洗室门口时，迎迎突然不走了，王老师关心地问："怎么了迎迎？"这时迎迎突然大哭起来。

为了迎迎的情绪不被激化，保护迎迎的自尊心，并能够与迎迎更好地沟通，王老师抱起迎迎来到了睡眠室，在独立的空间与迎迎交流。迎迎用力地搂着王老师的脖子，在老师的肩上哭得很伤心。

王老师轻轻地抚摸着迎迎的头，用充满爱意的口吻说："怎么了，是不是想妈妈啦？"迎迎抬起头，看着王老师，哭着说："不是。"王老师接着说："好了，不哭了，一会儿成小花猫就不漂亮了，跟王老师说说怎么了，为什么哭啊？"迎迎抽泣着说："我想穿我自己的鞋。"

听到迎迎的话，王老师顿时明白了，原来迎迎不想让小朋友看到自己穿拖鞋，不想和大家不一样，不想让小朋友知道她尿裤子的事情，担心大家笑话她。王老师看出了迎迎的心思，在迎迎耳边轻声说："王老师知道了，我们迎迎长大了，尿裤子怕羞是不是？没关系，我们刚才是玩儿得太开心了，忘了去小便了，下次我们迎迎就知道了，有尿就及时去，不尿裤裤了，对吗？"迎迎继续抽泣着，王老师接着说："迎迎你知道吗？小朋友不小心尿湿裤子是很正常的，爸爸妈妈和老师在小的时候也会尿裤子的，小朋友还会喜欢你的。"

听了王老师的话，迎迎不再哭了，用带着泪花的眼睛看着王老师问："是吗？"王老师说："当然是啊！我们去洗手吧，妈妈一会儿就来给你送鞋和袜子，等送来了，王老师就马上给你换上你自己的鞋和袜子，好吗？"迎迎立刻露出了开心的笑容，拉着王老师的手："那你陪我一起去洗手，行吗？"王老师拉起迎迎的小手："好啊，我们一起去洗手喽！"

王老师用自己的爱心和耐心，及时地保护了迎迎的自尊心，获得了孩子的信任，和迎迎逐渐增进感情，让不敢说、不愿说的迎迎逐渐获得正能量，从而逐渐适应幼儿园生活，愿意与他人交流。

爱懂得情绪

一个人的情绪情感有时可以决定他的行为，对于幼儿来说，他的情感体验更是具体又实在，而最重要的是，他不会隐藏自己的情感，还不会很好地自我调节，可是，如果他的情感释放得不到成人的关注和理解，就会影响到自己的成长。

在与孩子们的朝夕相处中，迟芳老师深深地体会到孩子的"小心思"——幼儿的情绪情感时时刻刻用他们自己特有的方式在表达，迟老师对孩子们的关注与关爱，就紧随着他们的"小心思"，在理解的基础上对幼儿施与教育和引导。

跳跳是即将入园的插班生，假期中迟老师就和跳跳妈妈电话沟通，妈妈很担心："跳跳没有上过整托，适应不了怎么办？"她的担心也传递给了班级的教师们，促使几位教师在开学之前就开始设想和计划，并在班务会上进行讨论。

开学之后，跳跳入园了。跳跳特别聪明伶俐，长得就像小公主，她也非常任性，几乎没有午睡习惯，晚上睡觉也特别晚，不睡觉就到处溜达，还边哭边念叨。

跳跳分离焦虑的情感体验特别敏感和持久，开学两个月了还是经常情绪不好，中午睡觉也是老大难问题，特别严重的是，她总是在收拾自己的东西，老师一眼没看住，她就将所有的东西装入自己的拉杆箱里，时刻准备走的样子。她不仅收拾自己的东西，还要把其他人和班上的东西统统装在自己的书包里，一张破纸、一个小瓶盖、一块糖果等，只要拿得着的，统统装在她的柜子里，甚至将食物、牙膏皮、小玩具、晚上不换的衣服等，都偷偷带到床上。

跳跳自己还时时刻刻偷偷往走廊、睡觉屋跑，时不时地向外张望，连带着其他新生和个别情绪不好的孩子都跟着到处游荡……这可是迟老师工作二十多年来第一次遇到这样的孩子呀，跳跳的行为表现着实是一道大大的难题。

迟老师分析，跳跳之所以会这样，是因为她特别想爸爸妈妈，不习惯幼儿园的整托生活，精神、情感、心灵都需要慰藉，她在用她自己的方式表达着内心的感受，对亲情和爱抚的渴望，跳跳这小小的心灵、情感正受着怎样的煎熬呀！在迟老师的带领下，班里几位老师商量，当前的首要任务就是帮助跳跳适当表达、适宜宣泄、化解她的情感变化。

于是，老师们采取了不同的教育策略。比如，对跳跳的藏东西行为"视而不见"，不强化，用开玩笑和找宝藏的游戏来忽略；对于跳跳的生活起居照顾得更细致，其实她能力很强，动作很快，自己的事情做得很好，就是因为闹情绪才不肯做；对于跳跳在学习中表现出的聪明才智，老师们都给予了最大的肯定；对于跳跳情绪中的好转时刻，老师及时捕捉，和她一起游戏巩固；迟老师还发动全班小朋友都来做跳跳的好朋友，帮助跳跳脱离不好的情绪，体验游戏的快乐。

对于跳跳的睡眠问题，迟老师开始可以接受跳跳选择不睡觉，和跳跳一起剪纸、画画。在她的幼儿园生活逐步走入正轨后，迟老师就要求她上床睡午觉，先是用小印章鼓励跳跳尽快脱衣服上床，然后守在床边陪她，拍拍她、摸摸她，握着她的小手让她感到老师像妈妈一样爱她，直到跳跳安稳地睡着。

除此之外，在跳跳睡醒后，等家长来接跳跳时，甚至在家长开放日上，迟老师都不忘真诚地、大声地表扬跳跳，而且是举出具体事例的表扬，跳跳进步越来越大了，老师们都特别高兴。

跳跳的妈妈在联系本中写道："上周开放日，看到跳跳认真地大声回答老师的问题，看到她小手指着书给我们朗读，可以想象跳跳平时在幼儿园认真学习的样子。特别是听到老师对她的表扬，我们又高兴，又吃惊。两个月里，她在生活上能取得这么大的进步，看来我们当初的决定还是正确的，好的习惯就是成功的一半。感谢中二班的所有老师们，从跳跳回家的讲述以及孩子快乐的情绪上，能强烈地感觉到老师们对孩子的关爱。"

在跳跳转变的过程中，迟老师理解了跳跳表达情感的方式，同时又注意利用老师的关爱、同伴的影响，积极的鼓励和肯定等方式，让跳跳在表达自己情感的同时体验到了被关爱、夸奖、鼓励和认同的不同情感，帮助跳跳获得了表达情绪情感的适宜方式。表达自我内心感受，使跳跳逐步调整了自身的心理状态，逐渐适应了集体生活。

爱让关系亲密

最近几周，班里经常会发生这样一幕——有小朋友跑来告状："老师，嘉禾打我。"话音还未落，就会听到嘉禾急切的解释："不是，是他先打我'主人'的，我要保护我'主人'。"说完就跑开了。

嘉禾一直就是个攻击行为较多的男孩子，开始于茜老师并没太当回事，只是叫嘉禾回来给小朋友道歉，并告诉他不能动手打人，要和小朋友友好相处，但随着告状人数和次数的增加，于老师开始留起心来。

带着对"主人"的疑惑，她偷偷对嘉禾进行了观察。于老师发现，嘉禾非常维护毛毛，在排队小便时，龙龙挤了毛毛一下，嘉禾就给了龙龙一拳，还说："让你打我'主人'。"然后就是龙龙告状，再后来就是开头那一幕……

于老师很困惑，就把嘉禾单独叫到一边问他："为什么管毛毛叫'主人'呢？"他回答："我和毛毛是好朋友，我们在玩游戏，他是我的'主人'。"于老师猜测，可能他在扮演一条小狗，便告诉他："玩保护主人的游戏可以，但动手打小朋友是不对的，'主人'也不希望你这么做，对吧？"

说着，于老师把目光投向了在一边观看的毛毛，毛毛使劲儿地点头，他说："我没让他打，是他自己打的，我都不喜欢他了。"嘉禾一听，马上祈求地对毛毛说："我以后不那样了，你喜欢我吧。"于茜老师以为事情就这样结束了，没想到……

"老师，嘉禾使劲儿用手捶我。"又一个小朋友来告状了，还没等嘉禾说出那句千百次都不变的话，于老师就严肃地批评了他，并且很生气地告诉毛毛："以后你不许做他的'主人'了，他这么不懂道理，老师给他讲了好多次他都不改。"

嘉禾"哇"的一声就哭了，很委屈地说："是他不排队，插在我'主人'前面，我才打他的。"看着嘉禾一脸憨态，真是又好气又好笑，于老师真是不理解他为什么非要扮演"狗狗"。

一天在和小朋友一起看《宝葫芦的秘密》这部动画片时，于老师突然明白了一切。动画片中的宝葫芦是个很神奇的葫芦，它可以帮助主人完成一切他想要做的事情，小朋友都对这部动画片很感兴趣。通过观察嘉禾，于老师发现他不停地学里面宝葫芦的口气对毛毛说话，非常有趣。

原来，"主人"这个称呼是有来历的呀。于老师找来两个小家伙一起谈了一次，允许他们再继续以前的游戏，不过要求他们一定要做好事，不能欺负小朋友。他们很高兴地答应了。

可是接下来的频繁告状再次让于老师涨大了头："老师，嘉禾又打小朋友了，他还说是老师同意他和毛毛玩这个游戏的。"于老师再次陷入了沉思……

嘉禾为什么频繁发生相同的问题呢？于老师认为这和孩子的自控能力有关，既然他们在一起玩这个游戏，也就深深地陷入游戏角色中不能自拔，很难做到像大人想的那样只做积极的、好的一面，肯定还会受孩子的经验和解决问题能力的影响。

于是，于老师悄悄把嘉禾叫到身边问他："你可以做我的宝葫芦吗？我很想做你的'主人'。"嘉禾一听高兴坏了，马上敬了个礼："是，主人！"然后师生俩几乎同时做出了一个反应："嘘，这是个秘密。"

在成为"主人"后的几天时间里，于老师引导"宝葫芦"寻找需要帮助的人。正好班上有个新来的小朋友丁丁，情绪总是不好，于老师就请"宝葫芦"去解决这个"难题"。"宝葫芦"接到任务后兴奋不已，主动地去和丁丁聊天、做游戏，不管干什么两个人都形影不离，几天后，丁丁的脸上有了灿烂的笑容，还追在嘉禾身后，管他叫"大哥哥"。

嘉禾平时吃东西很挑剔，不吃肉，不吃橘子上的经络，现在，只要于老师对他说："宝葫芦，请你把它吃下去，这样你的身体会更棒，能帮'主人'做更多的事情。"他就会高兴地说："是，主人。"然后大口大口地吃下去。

宝葫芦的秘密让于老师与嘉禾的感情更加亲密，也让嘉禾与小朋友的关系更加密切。于老师和嘉禾还有个约定，要将宝葫芦的秘密进行到底。

让孩子获得爱的能力

孩子最初总是从模仿中学习、成长。教师对孩子充满爱的教育活动，如同为孩子打开一扇窗户，让他们看到一个色彩斑斓的新世界，并感受到教师无私的胸怀和爱的精神。六一幼儿院的教师们坚信，当自己把炽热的爱通过点点滴滴的言行传给孩子时，就会激起孩子情感的响应，使他们不仅能感受爱，也会去爱他人、爱生活。

"小淘气"学关爱

浩博是中一班有名的"小淘气"，活动课上他不光自己有好多小动作，还总是去打扰别的小朋友。他总是轻而易举地把老师刚建立好的秩序给打乱，而且常常还会意识不到这样做的后果。

要过新年了，老师和孩子们制作了许多漂亮的美工作品，尹磊老师带着孩子们一起装点美丽的教室。为了悬挂拉花，尹老师把椅子放在桌子上，缓缓地爬上去，椅子有些摇晃，尹老师站在那里心里怦怦直跳，生怕摔下来，心里这样想就更紧张了，双腿也颤抖起来。突然，尹磊老师感到椅子不再晃了，低头一看是浩博两只小手使劲地扶着椅子，那股认真劲儿真让人感动。想想平时因为他的淘气对他的态度，尹老师的眼睛湿润了。

尹老师从高处下来后，向他竖起了大拇指说："浩博，你真懂事，老师谢谢你。"并在他脸上亲了一下。也许以前从没这样夸过他，他脸一下红了，从他那带着稚气的脸上看得出他的内心充满了激动和自信。

从那以后，浩博有些改变了，偶尔也犯小错误，但一看到老师赞许的目光，他就主动控制自己的行为。活动时，他也特别喜欢和尹老师在一起。

餐后的过渡环节，孩子们经常会选择翻绳、折纸活动。尹老师发现浩博最近对折纸表现出了极大的兴趣，简单的形象他都能很快折好。为此，尹老师专门给他买了《儿童折纸大全》，教会他看折纸示意图，当他通过看图折出一只仙鹤时，尹老师给了他一个大大的拥抱，夸奖他："浩博你不仅聪明，手还灵巧，不用老师教，你就成功地折了一只仙鹤。"周末，浩博把书带回家和爸爸妈妈一起分享，并把折好的"仙鹤"作为礼物送给他们。

一次美术活动，尹老师让小朋友折自己喜欢的东西，她观察到浩博特别专注，走过去一看，他用折衣服的方法变化出了裤子、照相机、小人等好几种花样，他还悄悄地告诉尹老师："这是我最喜欢的活动，我想把它们粘在彩纸上编成一个故事。"

这时，户外活动时间到了，老师让小朋友收拾作品到外面去活动，浩博却用恳求的目光望着老师说："尹老师，我想完成这个作品。"他平时在老师的眼皮底下都很淘气，今天竟一反常态要求留下，应该抓住这个机会，鼓励他做事的坚持性。

尹磊老师答应了他的请求，并对他说："浩博，老师相信你能完成这幅作品。"尹老师在走廊上组织小朋友活动，不时透过窗子看到浩博仍在专心致志地折纸，直到粘贴完成，他才高兴地跑出教室，把作品拿给老师看。尹老师看到他这次美术活动中表现很认真，便及时表扬了他，并鼓励他以后无论做什么事，都要像今天一样，坚持到底。浩博愉快地点点头，加入到小朋友的活动中来。

尹老师在日常生活中，及时发现浩博的闪光点，有意识地引导他做事有耐心。慢慢地，浩博变了，上课、做事都能静下心来，也不影响其他小朋友了。

不过，浩博偶尔还会调皮，只要不是经常地出自愤怒或怀有恶意的、会使人身体受到伤害的行为，尹老师就会说："都应当大度一些、宽容一些，从孩子的成长过程来看，淘气行为是天生的，它是孩子不断走向成熟的必要'演出'"。

感受爱之暖

区域活动要结束了，孩子们随着音乐开始收放玩具。贝贝端着一大筐串珠快步朝玩具柜走去。他的速度较快，一不小心脚下一滑，摔倒在玩具柜旁，串珠撒了一地。贝贝手拿着空玩具筐，背靠玩具柜坐在了地上。周围的一些孩子看到了贝贝的样子，指着他哈哈地笑了起来。

贝贝坐在地上，看着大家指着自己的样子，又看了看手中空空的玩具筐，"哇——"的一声哭了。闫金萃老师看到这个情形，赶快跑了过去，扶起了贝贝，搂着他说："贝贝摔疼了吧？哪儿疼呀？"贝贝指了指自己的腿，闫老师赶快帮贝贝揉腿，并对他说："我来帮你揉揉，揉一揉，休息一下就会好的，贝贝不怕。"其他孩子站在一旁看着闫老师和贝贝。

贝贝坐在老师的腿上，感受着老师带来的温暖，马上停止了哭泣。闫老师一边帮贝贝揉腿一边说："哟，小玩具也摔疼了吧，快把它们捡起来。"说完，闫老师和贝贝开始一起捡地上的玩具。这时，在一旁观看许久的果果说："我也来帮贝贝。"果果的话音刚落，刚刚指着贝贝哈哈大笑的齐齐说："我也来帮贝贝。"随后，许多孩子都加入到了捡玩具的队伍之中。

在孩子们的共同努力下，地上的玩具很快都回到了玩具筐。闫老师关心贝贝的话语，帮助贝贝的做法影响着班上的孩子，用自身的行为为孩子们做出了好的榜样。

当小朋友一同把玩具筐摆放好后，闫老师马上鼓励表扬孩子们："小朋友们真棒，帮贝贝把地上的玩具都捡起来了。看，贝贝不哭了，小玩具也高兴了。"孩子们听到老师的这些话，笑得可开心了。

在接下来的户外活动中，萱萱在跑步时不小心摔倒了，贝贝马上跑了过去，亲自把她扶起来，嘴里还说："你摔疼了吗？我来帮你揉揉。"说完就学着老师帮助他的样子帮她揉腿。贝贝已经把老师给予他的帮助内化到了自身，能够用同样的方法去帮助小朋友了。

　　这时，乐乐看到了，也跑了过来，说："我来帮你拍拍土，你就变干净了。"随后，又有几名小朋友跑了过来帮助萱萱。闫老师马上表扬了他们，孩子们笑着拉着手又开始了游戏。

　　从这以后，班上关心和帮助小朋友的现象越来越多了，一名小朋友有了困难，会有许多小朋友过来帮忙，班里充满了温暖。

　　爱，是我们每个人固有的情感。我们的生活中需要他人的关爱，同时，我们也应该去关爱他人。幼小的孩子常常生活在自己的世界之中，他们不懂得如何关心别人、帮助别人。因此，在看到同伴遇到困难时，他们往往从直观感知的角度去理解，会出现看笑话的现象。闫金萃老师为孩子们做出了好的榜样，用自己的言行去影响孩子，用自己对孩子的关爱，让孩子体会被关爱的温暖。

"友爱"小榜样

　　丁丁是刚刚转园过来的小朋友，入园第一天，丁丁就把邻桌的小朋友打哭了，对一起游戏的小朋友说难听的话，把老师新放的玩具材料摔坏了……小朋友都因害怕丁丁而慢慢地疏远他。

吴老师约来了丁丁的家长，了解孩子的成长情况。原来，丁丁父母的工作很忙，每天很晚回家，周末的时候也只能把丁丁放在奶奶家，或者托付给朋友，陪伴丁丁的时间少之又少，丁丁很孤单。吴老师认为，丁丁搞破坏的行为是为了在新集体中得到更多的关注和爱，她决定要用一颗真心和爱心走进丁丁内心的小世界。

通过观察，吴老师发现丁丁每天都会去美工区画画，有时用蜡笔，有时用水粉，一画就是半个小时，非常专注。丁丁的画构图饱满，色彩搭配和谐，内容也非常有趣，都是发生在小朋友身边的事。于是，吴老师在班级网页上开辟了"丁丁小画家"专栏，将丁丁的绘画作品上传到班级网页，这吸引了很多家长和小朋友的关注，大家对丁丁刮目相看。

自从有了"小画家"的称号，每当有小朋友绘画遇到困难时，丁丁就会去帮助他们。有一天，元元在绘画时遇到了困难，她想画一个礼物盒怎么也画不好。大家都说让丁丁试试吧，也许丁丁可以画。

丁丁知道了特别高兴，在旁边的白纸上一口气画了好几种礼物盒，丁丁得知元元是在为妈妈画生日卡后，还帮助元元在贺卡上装饰了气球、蝴蝶结、生日蛋糕等，一张看似普通的贺卡在丁丁的描绘下，越来越精致。元元太开心了，将心爱的生日卡展示给班上的小朋友看，逢人便说是丁丁帮助她画的，还对着丁丁说了一连串的"谢谢"。

吴老师看到丁丁的变化心里由衷地高兴。"走进童心世界"并不是一件容易的事，需要老师对幼儿细致地观察、深入地了解。吴老师发现了丁丁的爱好和特长，并以此为契机，通过办画展鼓励丁丁帮助同伴来使丁丁感受到自身的价值，体验到成就感，让丁丁能够感受到正面积极的做事会得到更多人的关注和喜爱。

慢慢地，丁丁乱扔玩具的行为没有了，和小朋友的关系越来越融洽，后来，丁丁不仅在小朋友画画遇到困难时会主动伸出援手，在平时的生活中，丁丁也会主动帮助别人。

一次户外活动，孩子们听着音乐拿器械，远远地看见丁丁飞快地冲向器械筐，老师们都以为他要去抢自己喜欢的器械，没想到他兴冲冲跑过来，对吴老师说："吴老师，给，这是我帮您拿的哑铃。"

　　吴老师情不自禁地亲了亲丁丁的小脸，丁丁好高兴。接下来丁丁又帮助女孩子搬玩具筐，帮助跳皮筋的小朋友解开缠绕在一起的皮筋，帮助个子矮的朋友抬球车，忙得不亦乐乎。

　　吴老师看到丁丁的进步和转变心中感到无比激动，丁丁也成了大家争相学习和模仿的对象，班级中互相帮助、乐于助人的氛围非常浓厚，在这个集体中生活学习的每一个孩子都时刻感受着快乐和关爱。

都是好朋友

　　小班的孩子入园初期，都会出现分离焦虑的情况。哭，也就成了小班幼儿的入园标志了。王蕊老师班中的嘟嘟是个不太爱哭的小女孩，但却是个很有个性、有脾气的小姑娘。

　　在一次区域活动中，嘟嘟和几个小朋友一起搭积木，突然从建筑区传来了小朋友的哭声。王老师上前去询问，小朋友们七嘴八舌地说："王老师，嘟嘟抢玩具。"另一个小朋友说："我们正在玩，她就过来抢走了，我们跟她说不能抢，她还把我们的积木推倒了！"王老师发

现，小朋友们向老师告状的时候，嘟嘟一直看着老师，没有说话，露出了一副很生气的样子。

　　王老师说："哦，我知道了，嘟嘟一定不是故意的，她也喜欢玩儿这个玩具，嘟嘟应该怎么和小朋友说啊？"刚说完，嘟嘟就一跺脚，举起手要打小朋友。为了防止其他小朋友受伤害，王老师马上抱起了嘟嘟，嘟嘟一口咬住了王老师的胳膊，从王老师怀里挣脱了下来，接着就大哭了起来。

　　从嘟嘟表现出来的这种情绪及行为看得出，嘟嘟不太会用语言与他人沟通，有情绪或不满时，就会用不适宜的行为代替语言，来试图解决问题。王

老师安抚好其他的幼儿后，拉着嘟嘟的手，来到了睡眠室的娃娃家中坐下，一句话不说，用慈爱的目光注视着面前的这个"小霸王"。等嘟嘟情绪稳定了一些后，王老师对嘟嘟说："王老师知道，嘟嘟不是故意把小朋友的房子推倒的对吗？"嘟嘟含着眼泪点了点头："他们搭了一个大房子，我就是想和他们一起玩儿，他们不理我，还说我。"说着说着，嘟嘟又委屈地哭了起来。

王老师忍住自己胳膊上的疼痛，抱起了嘟嘟，让她坐在自己的腿上，轻轻地抚摸她的后背，用温柔的声音说："嘟嘟，你知道吗，小朋友和老师都很喜欢你。但是小朋友不知道嘟嘟想要和他们一起玩，嘟嘟把小朋友好不容易给小猪盖的房子推倒了，小朋友多伤心啊！"嘟嘟听到这里，停止了哭泣，王老师继续问道："嘟嘟想和小朋友做好朋友吗？"嘟嘟使劲儿地点点头。

"如果想和大家做朋友，怎样才能得到小朋友的原谅？怎样让小朋友知道嘟嘟很想和他们一起玩呢？"嘟嘟看了看老师，不再哭了，歪着小脑袋瓜，忽闪着大眼睛，大声说："和小朋友说声对不起！""对，嘟嘟真懂事！那我们试试吧。"

王老师接着说："我们还可以说，你们搭的房子真好，我能跟你们一起搭吗？你觉得这样说怎么样？"嘟嘟拉住了王老师的手，好像是对老师说的话表示同意，看到嘟嘟的情绪稍有缓和，王老师马上说："那我们一起去试一试吧！"嘟嘟高兴地点了点头。

王老师带着嘟嘟走到了建筑区，对正在搭积木的小朋友说："孩子们，你们先停一停，嘟嘟有话要和大家说。快来听一听嘟嘟要跟你们说什么。"小朋友们马上围过来，嘟嘟低着头一句话也不说，王老师拉着她的小手，用力地攥了攥，嘟嘟感受到了老师给予的鼓励，终于鼓足了勇气，小声地说："对不起，你们搭的房子真好看，我想和你们一起搭房子，好吗？"看到嘟嘟不好意思的样子，王老师赶忙帮助嘟嘟说："嘟嘟可喜欢你们搭的房子了，很想跟你们一起搭更漂亮的房子，你们欢迎吗？"

小朋友们拍着手说："好吧，嘟嘟快来和我们一起玩吧！"嘟嘟看到小朋友这么快就原谅她，脸上马上露出了笑容。王老师说："真棒！小朋友在一起玩儿才更开心，我也来跟你们一起搭房子吧。"

王老师本想帮助嘟嘟解决与小朋友的问题后，不再提嘟嘟咬她的事情了。但在这时，嘟嘟转过身轻轻地说："王老师对不起，你这里还疼吗？"王老师听到嘟嘟这样说，感到很欣慰，顿时觉得胳膊上的伤已经不那么痛了。王老师高兴地搂着嘟嘟说："没关系，老师已经不疼了，我们还是好朋友。"嘟嘟高兴地和小朋友一起玩儿了起来。

从此以后，嘟嘟和王老师成了好朋友，如果她和小朋友发生了争吵，她会找到王老师，请王老师帮她想办法。她的好朋友越来越多啦！

爱真情相拥

钊钊是聪明活泼又大方的男孩子，最近因为生病了，很长时间没有来幼儿园和大家一起生活了。班上的小朋友都很想念他，时常有人问："陈老师，钊钊为什么没来呀？""陈老师，钊钊的病什么时候能好呀？"借着这个事情，陈皓老师在班上开展了"关心生病的小朋友"活动，通过学习故事"小鸟和牵牛花"，孩子们知道病中的人需要关心和帮助。陈皓老师也认为，这是个很好的引导幼儿感受爱、关心同伴的教育契机，幼儿社会情感的培养需要在体验中获得，这也是一个让孩子们感受有爱的班级氛围的好时机。

接下来，陈皓老师和孩子们开始了讨论："我们可以用怎样的形式表达自己对钊钊的关心？"小朋友七嘴八舌，出谋划策："写信吧，我爷爷住在外地，只有过春节的时候才能见到他，平时我爸爸就给我爷爷写信。""上网发邮件，钊钊马上就能看到。""给他买束鲜花吧，老师说过每一种花都有花语，看看什么花是送给病人的。"……最后大家统一了意见：班上的小朋友每人亲手给钊钊做一件手工小礼物，同时说一句最想和钊钊说的话，老师帮助录成磁带，转交给他。

周末到了，陈老师带着大家的心意来到了钊钊家，钊钊高兴得一直笑个不停。陈老师把小朋友们精心为他制作的礼物交给了钊钊，他迫不及待地搬来了录音机："钊钊，你快把病养好吧！""你在家没人和你玩，你一定很孤单吧？""你快回咱们班吧，咱们班又来新朋友啦！""我们都很想你，你听出我是谁了吗？"听着听着，钊钊由兴奋变得沉默，眼泪在打转，后来终于忍不住扑在陈老师肩膀上哭了起来："陈老师，我也想你和小朋友们，我想赶快好起来去上幼儿园！"

过了一会儿，钊钊跑到自己房间拿出了一摞纸给老师看。陈老师吃惊了，那摞纸上面密密麻麻的写的画的都和这些天的日常教学相关的内容。

妈妈说钊钊在家也一直挂念着自己的班级和班上的小朋友，每天都催促着妈妈带他看看班级网页上朋友们进行了什么新的活动，让妈妈全部打印收集起来，这些纸都是钊钊看到网页内容后自己在家模仿幼儿园小朋友的字、画和折纸作品。

临别前，钊钊拿出了许多漂亮贴纸，他想让陈老师转送给班上每一位小朋友。钊钊说："老师，您帮我告诉小朋友，我也很想念他们，等我病好了就回幼儿园和他们一块儿玩儿！"

周一早上，当陈老师把钊钊的话和礼物转达给大家时，小朋友们的脸上也扬起了笑容。有的小朋友还和身边的好朋友说起悄悄话："下次我生病了，老师和小朋友也能这样关心我……"

陈老师深切地体会到孩子真挚的情感表达，似乎看到了班上几十个小朋友和钊钊快乐相拥的友爱之情。陈老师作为教育者，敏锐地捕捉到学习关爱的好时机，用自己对幼儿的爱感染全体，让更多的幼儿学习表达爱、感受爱，这真是一次不寻常的家访。

让爱在孩子心中生根发芽

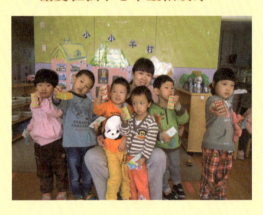

"爱"的教育是一项需要长期坚持的工作，也是一个永恒的主题，通过一系列的活动和生活的点滴，我们看到"爱"已经在孩子的心中生根、发芽。相信，随着孩子年龄的增长，他们心中的爱会更加宽广，将学会用更多的方式表达他们心中的爱。

融亲情于长幼之间

"大床单真好玩，床单里躺宝宝，摇啊摇，摇元宵，咕噜噜，摇好了。"这是宝宝班的亲子教室里，宝宝们正和家长们一起玩着"摇元宵"的床单游戏，游戏进行几遍后，邹颖老师发出了结束游戏的指令。

"哎哟！我的胳膊都酸死了！"欣欣阿姨略带抱怨的话脱口而出。这时，邹老师突然灵机一动，在接下来的放松游戏中问孩子们："小朋友，你们刚才玩得开心吗？"孩子们异口同声地说："开心！"邹颖老师继续说道："刚才你们的奶奶、妈妈、阿姨们为了让我们玩得开心，胳膊和腰都累酸了，咱们应该怎么办呢？"

听完老师的话，有些孩子开始用小拳头给家长们捶后背、捶胳膊……渐渐地，所有的孩子都开始给自己的家长捶一捶、捏一捏，在这一捶一捏间孩子和家长们的脸上都洋溢出了幸福的微笑，教室里散发出了浓浓的亲情味道……

现如今，很多孩子在大人无微不至的照料下认为大人为自己所做的一切都是理所应当的，更不会去想自己能为大人做什么。其实，每一个孩子都有为他人服务的愿望和能力，只要成人能给予孩子这样的机会，让孩子在接受成人关爱的同时，也有机会用自己的行动去表达对成人的爱。亲子班的这种家长、幼儿共同参与的活动形式为开展这样的教育提供了很好的机会。作为亲子教师，在为孩子提供机会的同时，也可以让在场的家长意识到这一点。

于是，"为家长捶捶背"便成了邹老师班组织亲子运动后必做的一个环节，孩子们从最初的由老师引导到后来主动地问："妈妈，您哪里累呀？我来给您捶一捶。"孩子已从不会做，到在老师的引导下被动地做，再到如今有意识地主动去做了。

寻找表达爱的机会

为了让六一幼儿院的教育理念走进每个家庭，使家长们在家也能为孩子们提供关爱他人的机会，邹老师班开展了"小鬼当家"的主题评选活动，为孩子创造关爱爷爷奶奶、爸爸妈妈的机会。家长们把孩子关心他人的表现用照片的形式记录下来，和大家一起分享。

活动开展以后，许多家长纷纷反馈，孩子们的表现大大超出了家长们的预料。宝宝妈妈在反馈信中写道："这次活动不仅让孩子通过做力所能及的事情去学习关心他人，同时也教育了家长，要为孩子创造这种机会，有些时候不是孩子自己不愿做，而是家长没有给孩子自己去做的机会，通过活动我们发现其实孩子是很愿意为大人服务的，这对于他们来说，不是辛苦，而是享受。每次帮助我做事情或给我捶背的时候，孩子都会很高兴，好像很骄傲，很有成就感的样子。"

小翔妈妈也提到："给妈妈端杯水，帮妈妈扫地、洗山楂，给妈妈拿拖鞋等，其实很多事情都是孩子梦寐以求的，孩子做得很开心。"阳阳妈妈说到孩子在妈妈给她洗脚的时候提出来要给妈妈洗洗脚，让妈妈备受感动……活动虽然结束了，但"为孩子创造关爱他人的机会"这种教育理念已经注入到家长们的教育观念中，这样的教育观念也会影响家长们在今后的生活中对孩子的引导和教育。

继此之后，关爱他人的教育时刻渗透在邹老师班的亲子活动中。一天活动时，大家发现果果由妈妈带着来参加活动了，而不是一直带着他的奶奶来，通过询问才知道原来奶奶身体不舒服没能带果果来参加活动。于是邹老师引导孩子们一起帮果果想办法，回家怎样照顾生病的奶奶，让奶奶尽快好起来。心心两周没有来幼儿园参加活动了，孩子们和家长打去了慰问电话。阳阳玩大型玩具时，手被压了一下，许多家长有意识地让孩子送阳阳去医务室……孩子们的爱从关心家人、关心周围的人，逐渐蔓延开来。

传递爱学会感恩

教师节就要到了，大一班感恩教师的孩子们正在分组策划去看望那些曾经每天和他们在一起生活的老师妈妈们。

第一组的小朋友正在认真地制作美丽的康乃馨：朵朵从家里带来制作方法的图片，手巧的佳佳为大家画出图样剪下花瓣，冉冉指导伙伴们怎样粘贴花朵更加漂亮……

由帅帅带领的第二组已经和李硕老师出发了，他们要去给小班、中班时教过他们的邹老师、吴老师、杨老师送去节日的祝福，其中几个小朋友手中还捧着温热的菊花茶。看到许久没有见到的杨老师，孩子们一个个兴奋极了：桃桃抱着杨老师告诉她自己当了升旗手可神气了；妞妞拉着杨老师的手说我们去欢迎小班的弟弟妹妹了；不爱说话的嘟嘟绕到杨老师的身后，悄悄地给杨老师捶背……杨老师十分感动，带他们的时候个个还像个娃娃，杨老师还记得给冬冬擦眼泪，抱着弘宝入睡的情景，一转眼孩子们都长大了。就在这时，乐乐为杨老师端来杯子，由组长帅帅为杨老师倒上了一杯甜甜的菊花茶，并告诉杨老师要爱护身体。杨老师一个劲儿地夸孩子们长大了、懂事了，真了不起。

孩子们能够如此发自内心地感谢亲爱的老师，是因为前一天李硕老师和孩子们开展了深入的讨论活动，并让孩子自主选择、自主创意，用自己的实际行动感谢老师妈妈。

活动前，李老师请小朋友观看了两段录像，一个是苗苗生病了，妈妈细致地照顾她；另一个是苗苗在幼儿园生病了，杨老师像妈妈一样关心她，给她测量体温、喂水喂药。李老师问："苗苗在家里生病了，谁来照顾她？在幼儿园生病了怎么办？"响响说："在家里生病了爸爸妈妈可以照顾我们，到了幼儿园就是老师照顾我们。"凯凯说："老师就像我们的妈妈。"

接下来，李老师又播放了一些平时抓拍到的老师关心、爱护、照顾小朋友的照片，如萌萌在幼儿园想家，邹老师抱着萌萌玩骑大马的游戏；下雨了，气温骤降，吴老师把自己的长袖衣服给豫豫穿上；楠楠摔倒了，杨老师帮他拍拍土、揉一揉、擦干眼泪，鼓励他……看完照片，又有好几个小朋友想起了老师关心照顾自己的事情。铭铭说："我晚上睡觉害怕，张老师就坐在小椅子上拍着我睡觉。"奇奇说："我最怕打雷了，上次打雷邹老师就抱着我。"孩子们越说越有感情，觉得老师就像妈妈一样。

这时李老师提出，明天就是教师节了，大家想怎样为老师们庆祝节日呢？于是，孩子们提出制作贺卡、表演节目、为老师倒水喝、制作康乃馨等几组方案。讨论活动之后，孩子们开始纷纷准备材料、排练节目，为老师妈妈的节日前后忙碌着，同时也向自己敬爱的老师妈妈表达自己的感谢之情。

教师节是老师们的节日，李硕老师抓住这一契机，引导孩子体会老师对自己的爱，同时激发幼儿尊敬、热爱老师，鼓励他们用自己的方式表达对老师的爱！

感恩家长

在爸爸妈妈的眼里依然是娇小稚嫩的女儿欣怡，在刚刚度过3岁生日后不久，便迈着依然蹒跚的步履走进了人生道路上属于自己的第一个新家——六一幼儿院小七班这个"瓢虫宝宝们"的家。

刚入园不久，欣怡妈妈便从女儿咿咿呀呀的表达中，了解了丁妈妈、秦妈妈，知道了茜姐姐、萍姐姐以及这个有着许多像女儿一样可爱的"小瓢虫"宝宝们的新家。在这样一个可爱而温馨的"瓢虫"的家中，欣怡学会了和同伴一起游戏，学会了关爱他人，也学会了用心去体会别人对自己的爱。

记得一个周日的下午，欣怡妈妈独自带着女儿去公园玩儿。在玩儿的过程中，女儿几乎没让她抱一下，没有喊一声累。当时，妈妈都有些疲惫了，便关心地问女儿："宝贝，累吗？"女儿笑眯眯地回答："还真有些累呢，我的脚后跟都有点疼了。"妈妈忙心疼地蹲下身来对女儿说："那妈妈抱你一会儿好吗？"

女儿犹豫了一下说："那好吧。"当妈妈把女儿抱起后，女儿看着妈妈的脸，搂着妈妈的脖子说："妈妈，我知道，你真的很爱我。"妈妈有些吃惊，一个不到四岁的孩子，嘴里是怎么蹦出这样令人感动的话语的？于是，妈妈问道："为什么？"欣怡十分认真地说："因为你是心疼我，怕我累，才抱我的。"一时间，欣怡妈妈心里暖融融的，再多的辛苦，在和女儿亲热的拥抱中都化为乌有。

欣怡妈妈在随笔中写道："作为母亲，我深深地知道，这一切都源自于小七班妈妈、姐姐们对女儿的关怀与教导，源自于六一幼儿院，这样一个具有深厚底蕴的历史名园给予孩子们的爱的哺育。这些还未长大的孩子们，从小就体会着他人对自己的关爱，懂得回报。"

描绘一生爱的风景线

在六一幼儿院的生活短暂又美好，六一幼儿院的老师们像阳光一样，在朱皓妍幼小的心灵中埋下了爱的种子，引导她在以后的生活中成为一个受人喜爱的女孩。

作为2002届毕业生的她还清晰地记得："当时的我是班里最小的孩子，老师们都对我关爱有加，常常抱着我、拉着我，但有一位高老师对我有些'严厉'，当时的我还是个爱挑食的孩子，高老师在喂我吃饭的时候常说'肉和主食可以商量，汤水和菜不能商量……'高老师的意思是让我多吃菜、多喝汤水，这样不容易生病，肉和主食如果实在吃不了可以商量着少吃点儿……"

直到现在，老师严厉的语气、认真的表情都在她的心中留下了印记。也正是因为老师的话语，她开始学着接受不同口味的食物，也开始学会接受不同的事物，开始学着在生活中从容面对不同的情况，这让她受益匪浅。她说：

"是她们，指导我学习最基础的生活技能；是她们，引导我走上正确的人生起点；是她们，带领我在最初的年华中描绘出不一样的风景……"

/五/ 把爱的芬芳撒播四方

六一幼儿院是一所历史名园，不仅仅代表着海淀区、北京市，也是中国幼教的代表。在不断提升自身教育质量的同时，六一幼儿院积极发挥优质教育的示范、引领、辐射作用。六一幼儿院的教育走到了祖国各地、世界八方，每一年、每一学期，甚至每一个月、每一天，都迎接着来自祖国以及世界各地同行们的慕名学习、观摩与研修。在"迎进来"学习与观摩的基础上，六一幼儿院还派出优秀教师对远郊区县、西部地区等地幼儿园进行实地培训。六一幼儿院的老师们和孩子们用他们一个个精彩的活动传递着"六一"精神、撒播着"六一"爱的芬芳。

自 2000 年以来的不完全统计，六一幼儿院接待各地同行的观摩就达百余次，派出教师培训十余次，足迹遍布祖国和世界各地，充分地让大家感受到了"六一"的教育、"六一"的精神。

近几年，六一幼儿院成为全国教育培训示范基地，北京市园长工作培训基地、北京市"手拉手"教育基地、海淀区园长和骨干教师培训基地等。每一次的观摩研修，六一幼儿院都敞开大门，毫无保留地输出着自己的教育理念和实践，传递着六一幼儿院爱的精神。

爱是最美丽的语言

时间进入了十月，朱金岭老师的大五班迎来了"西部支教"的两位宁夏老师——张老师和韩老师，她们在将近两周的时间里要参与班上的各项活动，学习和感受六一幼儿院的教育理念。虽然朱老师的班级经常接待这样的活动，但每一次她都能根据来学习老师的不同特点和需求开展丰富多彩的活动，这次也不例外。

　　《幼儿园教育指导纲要（试行）》中指出，要引导幼儿知道中国是一个多民族、多文化的国家，在热爱本地、本民族文化的同时，尊重少数民族和其他地区的文化、习惯，并引导幼儿关注身边发生的事情，鼓励幼儿有礼貌的与人交流，会发起谈话，并能围绕一个话题进行讨论，做到会轮流发言，理解并尊重别人的观点。于是，朱老师决定把宁夏的老师隆重地介绍给孩子们。为了帮助孩子们更清楚地了解宁夏，她和宁夏的老师进行了讨论、准备：为孩子们准备了中国地图、宁夏地图和宁夏的老师带来的宁夏特色食品、宁夏的宝贝"贺兰石"、宁夏当地的儿歌和歌曲等。

　　第二天，朱老师带着两位老师来到班上，吴菲问："朱老师，这两位老师从哪里来的？"张老师说："我们从宁夏来。""宁夏在哪儿？""离北京远吗？"一个在孩子们脑海里比较陌生的地方一下子引起了他们的好奇，朱老师适时地出示了中国地图和宁夏地图，张老师和韩老师利用地图给孩子们讲起了他们所关心的话题。

　　当他们知道两位老师坐了 19 小时的火车才到北京的时候，又对时间产

生了兴趣："19 小时有多长？"于是，大家一起通过数墙上贴着的"一日生活作息表"发现，19 小时那么长——从小朋友早上 7：00 起床算起，到晚上小朋友睡觉以后的第二天凌晨 2：00 才能到。"我们中国可真大呀！"孩子们感叹。后来的时间里，孩子们又了解了为什么宁夏叫"宁夏回族自治区"；欣赏了张老师和韩老师那富有民族韵味的宁夏歌曲；学习了宁夏儿歌"宁夏川"等；触摸和感受了"贺兰石"的光滑和细腻；品尝了宁夏的特色食品"沙棘果片"和"枸杞"。孩子们对"宁夏"一下子产生了浓厚的兴趣和深厚的感情。当他们知道宁夏的小朋友都非常向往北京、喜欢北京，但却来不了时，都纷纷说："我接他们来吧。""让他们也尝尝我们北京的好吃的。""我给他们买烤鸭。"……

看到孩子们的投入，听到孩子们的话语，朱老师真是又感动又欣慰，孩子们太可爱了！同时，她更加敏锐地找到了教育的切入点：如何引导幼儿表达对宁夏老师、宁夏小朋友的爱？如何让宁夏老师更真切地感受到六一幼儿院爱的教育？

以后的时间里，只要一有空儿，孩子们就聚集在地图前："张老师家在银川，在这里。""韩老师家在灵武，离得不远。""我去过新疆，在这。""我的老家在大连，我找一找。""老师，海南在什么地方？""老师，这是什么地方？"……看来，"有效"的教育就是"适时"的时机加上"适宜"的支持与引导朱老师用自己的随机教育实践毫不隐藏地向两位宁夏的老师诠释了这一教育真谛。

由于宁夏的老师在北京时间有限，孩子们很快进入了"为宁夏小朋友做什么"的活动中，朱老师请孩子根据自己的兴趣来选择搜集一个内容，这样不仅可以让孩子们的搜集更有针对性，搜集的内容比较全面，而且可以有机会让他们来体会分享交流从而为两位宁夏的老师提供一个学习的范本。

在讨论时，朱老师发现孩子们说的内容并没有"京剧"，这说明孩子们在这方面不太清楚，对北京的传统文化了解还不够。于是朱老师说："我们北京还有一个特别棒的内容呢，你们知道吗？"孩子们纷纷摇摇头。朱老师揭开谜底："是京剧。"梁奕飞说："噢，我知道，我爷爷老听。"刘助说："是不是脸上画得特漂亮，身上穿好多衣服的？"于是，在朱老师的帮助下大家增加了一组有关京剧的内容。这样，既向宁夏的小朋友们介绍了北京，又使得

北京的孩子对北京有了更多、更全面地了解。

除此之外，孩子们对"为宁夏的小朋友们购买北京特产"更加感兴趣，都想亲自去买。借此，朱老师和家长们做了交流，介绍了有关的活动，家长们非常支持，纷纷表示：这样的活动非常好，对孩子们的教育意义很大。于是决定给每个孩子 10 元钱，带他们亲自去超市购买北京特产。

为了做好充分的准备，朱老师首先亲自去超市观察和了解环境、地形，并和超市的工作人员进行了交流，请他们协助做一些配合工作。接着，又和孩子们进行了有关外出规则的讨论和制定，最终决定分成两组进行，一是出于安全的考虑，二是为了让教师能更好地观察孩子们的情况，及时地进行交流和指导，三是给孩子们创造一个互相分享、交流的机会。

第一组的孩子们根据自己的想法制订了购买计划后，大家就出发了。来到超市，他们兴奋极了，请工作人员帮助找到卖"北京特产"的货架，看到那么多的北京特产，纷纷对照计划拿自己想买的，但孩子们并没有注意到自己有多少钱与自己拿的食品价格的关系。朱老师借机问他们："你拿的东西多少钱？你有多少钱？能不能买？怎么解决这个问题？"经过老师的引导，孩子们意识到这个问题，有的说："那我不能要了，买一个钱少的吧"。有的说："我们几个一起买这个"。有的说："他们买了这个食品，我们就不买了，要买不一样的"。在这种实践体验活动中，孩子们得到的不仅仅是自己亲自购买了"北京特产"的快乐，而更是在能力上、沟通上、数学知识的应用上获得了更多收获，得到了锻炼。

从超市回来，大家满载而归，笑容洋溢在每一个孩子的脸上，菲菲说："咱们买的吃的宁夏的小朋友一定爱吃。"岚岚说："这个驴打滚我吃过，可好吃啦！保证宁夏的小朋友喜欢。"听着孩子们的话，朱老师更加开心：孩子们不仅在行动中表达着对宁夏小朋友的爱，更加体验着付出爱的快乐与幸福。

由于张老师和韩老师来自宁夏的两个不同地区，朱老师又和孩子们一起把买来的"北京特产"分给两位老师。在分的时候，佳佳说："真香，我都想

吃了。"惠惠说："我也是，有的我都没吃过。"朱老师听了以后，笑了，心里有了主意。她利用下班的时间又来到超市，分别购买了不同的北京特产，私下里和张老师、韩老师做了交流，两位老师特别感动，她们对孩子们说："老师替宁夏的小朋友谢谢你们的一片爱心。但是东西太多，拿不了了，给你们留一些吧，也品尝一下自己家乡的好吃的。"孩子们开心极了！他们再一次感受到了"爱"的味道！

欢送会上，孩子们和宁夏的两位老师依依不舍。她们录下了孩子们真挚的话语："宁夏小朋友，欢迎你们到北京来。""你们喜欢我们买的北京特产吗？""希望你们天天快乐。"……

大家送走了宁夏的老师，在孩子们品尝她们留下的"北京特产"时，悄悄话不时地传入朱老师的耳朵里："真好吃，回家让妈妈再买点，让她尝尝。""张老师她们到哪了？""上火车了吧？""宁夏小朋友一定很高兴。""以后让我妈妈带我去宁夏。"……听着他们的谈话，看着他们那满足、幸福的表情，朱老师开心地笑了。

爱把幸福带给每个人

六一幼儿院不仅仅是孩子们幸福的摇篮，教师们成长的摇篮，还把"六一精神""六一的爱"通过一位位老师、一群群孩子传递给更多的老师、更多的孩子。

不久前，大五班的老师和孩子们收到了韩老师的来信和张老师的短信，孩子们高兴极了，纷纷开始"策划"为她们回信的活动了，朱老师也通过各种方式一直支持她们、关注她们、引导她们。

张老师的短信：

六一幼儿院大五班的朱老师、孩子们：你们好！我已平安到家，谢谢你们！在六一幼儿院的日子里，我特别开心、幸福，六一幼儿院的老师和孩子们都是最棒的！

孩子们的回信：

张老师好！希望您以后有机会还来北京，还到我们六一幼儿院来。别忘了，把好吃的带给您的小朋友们呀！

韩老师来信节选：

朱老师、大五班的孩子们：你们好！分别只有几天，我都想你们了。孩子们的热情让我感动，朱老师的教育智慧让我佩服。在六一幼儿院学习的日子里，我感受到了六一幼儿院每一位老师对孩子们的爱、对教育事业的钻研，这就是你们说的"六一精神"吧！我要向你们学习！对了，北京的特产我们班的小朋友可喜欢了，让我替他们谢谢你们呢！欢迎你们来宁夏玩！

孩子们的回信节选：

韩老师好！听到您说宁夏的小朋友喜欢北京的特产，我们可高兴了！他们最喜欢哪种好吃的？他们看了照片了吗？我们可想和他们一起玩了！有时间，我们一定去宁夏找您！祝宁夏的小朋友天天开心！

曾赴新疆和田，参加北京市援疆前线指挥部制定的援疆支教活动的吴老师说："使人成熟的，并不是岁月，而是经历。支教经历是我人生道路上浓墨重彩的一笔。"

"珍惜意识、学习意识、代表意识、团队意识"是刘院长和成副院长的鼓励和激励。

支教不仅是锻炼教师的机会，也成为六一幼儿院爱的教育的一部分，支教老师的支教经历、感悟与成长，感动了六一幼儿院每一位教师，更把六一幼儿院的教育理念、爱的精神带给了四面八方的人。

在海淀区开展"做学生喜欢的老师"党员风采展示中，吴老师代表六一幼儿院的青年教师进行了展示和互动。

主持人问："战火的洗礼，新时期幼儿教育的探索的确让我们全方位地

感知到了六一幼儿院所特有的延安精神。作为这所名园中的年轻一代，你是怎样理解、实践、传承这种精神的呢？"

吴老师说："在六一幼儿院，这种延安精神其实就代表着每一个六一人对于幼教事业的执着和热爱，对于幼儿发展的责任以及在每日平凡工作中的无私奉献的精神，等等。作为一名年轻的党员教师，我有信心用自己对孩子的爱，对事业的执着追求，传承和发扬这种延安精神。和我的伙伴们一起为六一幼儿院、为幼教事业奉献青春。"

主持人再问："如果让你用一句话来总结你近 12 年的幼教生涯，你会怎样来表达呢？"

吴老师接着说："我有三个感谢，第一，感谢六一幼儿院，是这片沃土教会了我教育的真谛——珍爱每一个幼儿；第二，感谢我身边的每一位六一人，在你们的关爱帮助和勉励中，我爱上了幼儿教师这个职业；第三，感谢孩子们，他们的纯真净化了我的心灵，我希望让大家听见友爱在心中大声地歌唱。孩子们的成长，使我感受到爱的伟大，寻觅到教育成功的奥秘，体会到教育事业的真谛。"

在历时 27 天的支教历程中吴老师感受到自己上升了一个层次，感到六一人秉承的信念在心中再次生长：对不同的民族文化，学会了如何与人相处，与人为善，让自己在交往中获得更多的快乐；学会了承担责任，懂得了给予比获得更令人开心。

吴老师还深深感受到了维吾尔族老师的学习劲头，也亲眼看见了她们教育环境的艰苦，这更加让吴老师觉得除了珍惜现在之外，更要抒发更多的爱心。吴老师开始规划未来，在未来的幼教生涯中，继续历练、成长，在平凡的工作中用心地创造精彩的每一天！

我在这里懂得了爱

来到六一幼儿院参观学习的老师，总会被六一幼儿院浓浓的爱所包围，所感动。

昌平区回龙观镇中心幼儿园的张艳苓老师在六一幼儿院懂得了爱存在于快乐和谐的氛围、热情严谨的工作中：

短短几分钟的相处，就让我心中的陌生感荡然无存了，这源于杨老师、成副院长的亲和，经了解，原来我们是同一年代的人，彼此间好像多了些共同的话题。正规的管理干部挂职启动仪式，让我看到了六一人工作的严谨。交谈中，我感受到六一幼儿院的工作氛围是那么和谐，教师是那么幸福。其实，此时的我也有一种被温暖的感觉，六一幼儿院的每一个角落都洋溢着热情，从领导到老师，脸上都写满了微笑。谦和的态度、积极的情绪，营造出一种和谐、健康、快乐、向上的氛围。

城子幼儿园的贾文红老师在六一幼儿院看到了"一切为了孩子"的真实体现：

六一幼儿院的办院宗旨是"一切为了孩子"，他们一直延续着"马背摇篮"的传统工作作风，把最好的给孩子们，让孩子们享受最优质的服务。我去那里挂职学习的第一天，会议室里有些凉意，走进孩子的活动区域，暖暖的感觉立刻袭面而来，让人感受到暖而不燥。原来她们把最好的房子，给了孩子们，把最暖和的场地给了孩子们。

做教育的人都知道寄宿制的幼儿园领导、老师都很辛苦，孩子年龄小，更需要全方位的照料，特别是现在安全工作担子很重，很多幼儿园都把让幼儿寄宿作为办园的沉重负担，有的园所由寄宿变成了日托，但六一幼儿院收费并不高，走到现在还是全寄宿制，点点滴滴都体现了六一幼儿院"一切为了孩子"的宗旨。

中国铁道科学研究院幼儿园的陈燕红老师在六一幼儿院体验到了真切的情感教育：

第一天的培训就让我深深感受到六一幼儿院在培训工作上的严谨、认真、开放、务实，这种精神是我今后在管理各项工作及做任何事情需要学习的，我要由衷地说一声"谢谢"！

通过"社会性情绪情感课程实践分享与交流"课程的学习，我对幼儿情

绪情感的培养有了一个新的认识。幼儿的情绪情感培养大家总是在说，教师在备课时也总是把情感培养目标放在里面，但是在课程的实施过程中能否实现，老师不是很关心，更多是关注幼儿表面而没有真正走进幼儿的内心世界。要想真正走进幼儿世界，引导他们认知情感、正确表达情绪，必须从尊重幼儿开始，这也是我学习感受最深的一点。

在实际工作中，六一幼儿院的教师无时无刻不在感受着幼儿情绪情感的变化，继而接纳、关注他们的这些问题，然后用适宜的方式、方法加以引导，让幼儿在尊重与爱中形成积极稳定的情绪情感，帮助幼儿建立良好的情绪情感体验，为他们的终身发展打下良好的基础。

六一幼儿院的爱不是说教而是一种行动，是一种质朴而深刻的影响。她让每一个前来取经的人懂得了作为一名幼教工作者的爱与责任。

北京学习日记

2006年10月，宁夏回族自治区灵武市幼儿园的韩素文老师得到了一个

宝贵的机会，来到六一幼儿院观摩学习。两周的取经历程，让韩老师真切地、全面地体味了六一幼儿院爱的芬芳。

　　2006 年 10 月 12 日　　星期四　　晴

　　今天下午园长找我谈话，告诉我园里争取了一个名额，要派一名老师到北京观摩，跟班学习两周，考虑再三，决定把这个名额给我，我听到后真是惊喜万分。随后园长向我提了一些学习要求，告诉我："听说这所幼儿园是全国最好的幼儿园，平时别说是去学习，就是参观一下也是很困难的，你到那儿以后要尽量多看、多听、多体会，不要过多地问这问那，避免给人家工作带来干扰，这样影响不好。跟班时要做一个有心人，尽最大所能学新知识回来，以便于提高我们的各项工作。"听了园长的话，惊喜之余我又感到了压力，但我还是非常感谢园领导对我的信任、支持与器重，我一定不负重望，认真踏实地完成这次学习重任。毕竟，这是我园多少老师梦寐以求的事，谁不想去观摩学习，增长见识？谁又不向往首都北京呢？

10月16日　星期一　晴

经过近20小时的火车之行，今天中午我终于到达了六一幼儿院。

下午成勇老师带我们西部的两位老师参观了六一幼儿院院史陈列室，我感到特别兴奋，原来电影《马背摇篮》就是六一幼儿院的历史再现！六一幼儿院是1949年从延安的窑洞里搬迁到这儿的，几十年来有许多党和国家领导人到院里视察。这个陈列室记载了六一幼儿院六十多年来的风风雨雨，让我深刻地感受到六一幼儿院所经历的磨难和现在铸就的辉煌。

园里环境优美，到处都生机盎然。这里有高大粗壮的树木，这里有争奇斗艳的鲜花，这里有绿茵茵的草坪，还有叽叽喳喳叫个不停的小鸟……简直就是一个美丽的大花园！置身于如此美丽的幼儿园，令我无比陶醉。

六一幼儿院占地面积很大，有种植园、饲养角、职工宿舍、幼儿餐厅、职工餐厅、钢琴室、电脑室等，还有幼儿交通安全基地。幼儿分大、中、小共26个教学班。我去了两个教学班，活动室并不算大，但空间利用率很高，窗台下方全部分割为小柜子，里面放幼儿教具，整齐、美观、大方，柜子小巧玲珑，用途却很大。与此相比，我感到我们幼儿园的条件太差了，不过等新园建成后我将建议园领导更好地利用活动室的空间，为幼儿发展创设良好的环境，提高活动室的利用率。

10月17日　星期二　晴

今天上午有幸跟随成勇老师及六一幼儿院的个别骨干教师到北京西城棉花胡同幼儿园观摩学习，下午则到小八班跟随李卫芳老师带班。一整天都是在忙忙碌碌中度过的，我的感受颇深：这里的老师所做的一切工作都是以孩子为主，为孩子的发展着想，给孩子想得到的东西。教师很重视培养幼儿的动手能力，什么问题都是留给孩子自己去探索、发现，从不限制孩子的思维，对孩子的事情从不包办代替，幼儿穿衣、换鞋都是自己完成，而且速度很快，时间观念很强。他们虽说是小班的幼儿，但我感觉他们的能力可以与我们幼儿园大班的孩子相比。老师们的工作很辛苦，她们在没有加班费的情况下仍无怨无悔地做着自己的事情，这是我最佩服的地方，同时也想弄明白为什么她们能这样做，而我们的老师却做不到呢？

10月18日　星期三　晴

上午的跟班活动使我从中感受到了每位老师都在尽职尽责地做着自己的事情，对每个孩子都很有耐心。比如，东东小朋友年龄小，又是新生，不懂事儿，别的孩子去玩"娃娃家"时，都是先换了鞋再进入"娃娃家"，而他穿着自己的鞋子直接进入"娃娃家"。看着那被踩脏的塑胶板地面，老师一点儿也没有生气，而是将他轻轻地抱过来，耐心地给他讲道理，手把手儿教他换鞋，然后再去"娃娃家"做客。

下午，我被邀请参加了大五班"认识客人"的主题活动，活动是由朱金岭老师主持的。在活动开始时，她向孩子们介绍了来自宁夏的张老师和我，并安排我为孩子们介绍宁夏。我简单地介绍了一些宁夏概貌、宁夏五宝、风俗人情，告诉他们宁夏是回族聚居地，回族人民勤劳善良，他们有独特的风俗习惯等，并给幼儿教了儿歌《宁夏川》。孩子们显得特别兴奋，个个聪明好学、思维活跃，他们提出的许多问题令我这个地地道道的宁夏人都有些措手不及。张老师为孩子们表演了宁夏民歌《生活多美好》。之后，朱老师向孩子们提出要求，要与宁夏小朋友开展"手拉手"活动，并永远成为好朋友。

整个活动在友好欢乐的气氛中结束了，我却意犹未尽。真佩服朱老师，她善于抓住身边的教育资源对幼儿进行随机教育，这正与《幼儿园教育指导纲要（试行）》中教师应"善于发现幼儿感兴趣的事物、游戏和偶发事件中所隐含的教育价值，把握时机，积极引导"相吻合，使我又一次感受到了这里的老师对《幼儿园教育指导纲要（试行）》精神领会得很透彻，时刻为幼儿的长远发展着想。

10月25日　星期三　晴

今天，由刘占兰老师带领的海淀区幼教名师、骨干教师和西部实习的十位老师会聚六一幼儿院，观摩了朱金岭老师和李卫芳老师的公开课，并进行了研讨。

研讨时，刘老师首先提问："两节公开课中两个班的孩子分别获得了什么？他们在哪些方面得到了新的发展？孩子们获得的新经验又是什么？"刘老师不愧为幼教专家，听完后就直戳问题要害，从幼儿年龄特点和自身发展等方面提出问题，引领其他教师更专业、更全面的深入思考。同时，她还告诉我们"在做某一件事之前，先要考虑这件事值不值得花费大量的时间、物力、财力来研究，能直接告诉孩子的问题就不要让孩子自己去探索，这没有任何价值"。听着这一番语重心长的话语，我想我们宁夏要是能有像刘老师这样的幼教前辈那该多好啊！那样我们工作的方向将会更加明确，老师的工作能力也会不断得到提高。有高人指点迷津，我们也不会摸着石头过河了。

研讨结束后，刘老师又召集我们西部老师单独座谈，给我们前来学习的西部老师提出了很多建议：从我做起，积极思考，慢慢影响周围的人；注意多看书、多学习，打开眼界，搜集幼教信息；立足于自我发展，以形成放射型的研究链，带动西部幼教发展。

座谈结束后，我的心情久久不能平静，深感自己身上的担子很重很重。但经过刘老师的点拨，我又茅塞顿开，知道了自己回去后应该怎样更好地工作，让身边的同事共同分享我的学习成果。

10 月 26 日　星期四　晴

今天下午，在朱金岭老师的安排下，我参加了大五班"再见，宁夏老师"的活动，孩子们颗颗童心、句句祝福使我备受感动。

原来孩子们听说我们周五就要走了，决定让我们带一些北京特产与宁夏小朋友共同分享。在朱老师的带动下，大五班小朋友开展了"超市购买北京特产"活动，每个小朋友把自己买到的北京特产分别送给了我和张老师，边送边说："祝韩老师和张老师一路顺风，祝宁夏的小朋友和我们一样天天快乐。"看着那一张张真诚的面孔，听着那一句句祝福的话语，我激动得说不出话来，眼泪在眼眶里打转。

瞧，这就是六一幼儿院，"六一"的教师是爱的使者，"六一"的孩子们接受着爱的教育，"六一"的这片天空里充满着爱，连我这个匆匆的过客都感觉到生活在"六一"这个大家庭里是幸福的。初到"六一"时那谨慎、紧张、不敢多问的心理早已荡然无存，因为在短暂的学习时间里，这里的每一位领导、教师、员工那亲切和蔼，不是亲人胜似亲人的关怀使我早已忘记自己是个局外人。明天就要走了，我真舍不得离开。我只能默默地祝福"六一"的明天更加灿烂辉煌！

第三章

专注于教

/一/ "保教合一"奠定养成教育基础

"保教合一"开新花

六一幼儿院迟芳老师在给同行宣讲六一幼儿院在战火中艰苦创业的历史时，同行们难掩情感，激动得泣不成声。大家由衷感叹，六一幼儿院从最初的"马背摇篮"到如今的"儿童乐园"成长不易，数十年如一日坚守幼教事业精神，对"保教合一"幼教理论不断创新实践。

在六一幼儿院，保育老师被公认为是最富爱心的老师。副院长成勇说："在一次和保育老师的座谈中，请大家讲一句最想对孩子们说的话，她们表达着这样一句平常的话语，孩子，我喜欢你！孩子，我爱你！"

在孩子眼里，保育老师是幼儿园中最勤劳的人。她们每天穿梭在孩子们中间，帮他们穿衣、叠被子、整理寝室，为他们倒水、盛饭、清洗尿湿的衣裤，和他们一起游戏、生活，陪伴孩子们度过在幼儿园的每一天。

在孩子眼里，保育老师是和他们生活在一起的人，是幼儿园里最有爱心的人。孩子们挑食，保育老师会编出一个个动听的故事，带着他们感受营养与美味；孩子咳嗽了，保育老师会从家中带来熬制的梨汤，缓解他们的不适。

在家长眼里，保育老师是孩子们健康的守护者。年轻的爸爸妈妈们在养育孩子的过程中常常会因为没有经验而感到苦恼。这时还是我们的保育老师利用她们多年积攒下的专业护理经验，帮助家长朋友，找到方法，化解苦恼。在班级中，保育老师是教师的助手和管家。保育老师的及时介入，让孩子获得认同、得到成长。

保育老师正是怀着一份朴素的、母亲般的爱与责任，以她们真诚的付出，将健康、快乐化作礼物送给身边的每一个孩子。

今天，随着保育老师队伍的年轻化，如何将老保育老师身上那份对孩子真挚的爱留下来，如何把那些多年来积累的保育经验留下来，成为六一幼儿院保育队伍发展的一项工程。于是，六一幼儿院依据实际情况提出了"珍藏宝藏计划"。通过录像、观摩、交流、师徒结对等多种形式让年轻的保育员们近距离地接触与学习身边的这些"宝藏"。

一位职初保育老师在她的工作日志中这样写道：

好累，好辛苦的一天，好开心，好幸福的感受。今天，孩子们看到我打扫得干净整齐的教室，拍着小手为我喝彩，还不住地夸奖我，说我像超人一样棒。

今天，当我为孩子们盛好香喷喷的饭菜，孩子们用真诚的双眼望着我，认真地对我说："谢谢老师。"

今天，当孩子们看到我弯下腰，帮他们整理衣裤时，他们搂着我的脖子在我耳边悄悄地说："老师，我喜欢你！你好像我妈妈呀！"……我的脸红了，可心里却更加感激他们。是他们，让我感到如此幸福；是他们，让我感到作为老师的责任……

保育老师用独特的爱诠释着教育工作者应有的责任。同时，六一幼儿院确立了养成教育实施中的三主体——幼儿、教师与保育员，并为这三者确立了明确目标，使三个层次的人都能够适时发挥各自的主体作用，加强了"三联手"的演奏效果，保障"保教合一"的有效实现。

"常规"实现"教""养"

现在的六一幼儿院，仍然秉持着"保教合一"的原则。

以中班幼儿洗脚的常规培养为例，幼儿需要养成"将脚轻轻放入水盆中"的文明举止和"先搓脚趾，再搓脚背、脚底和脚跟"的清洗顺序，教师需要设法使幼儿理解养成洗脚卫生习惯的意义，保育员需要在"提醒幼儿擦干脚趾及脚缝方面多出力"。这样，小小的洗脚活动，不仅是教育者和受教育者互动作用的体现，更是教育和保育天衣无缝的结合。

六一幼儿院认识到，养成教育的实施不是相对固定的、专门开展的活动，而是贯穿于一日生活的任何时间、任何活动中，从清晨来园到傍晚离园，甚至夜间睡眠，教师都不能有一丝放松。

在每一类活动的常规中都以幼儿为主体，既注意精心护理幼儿，又注意培养幼儿的自我保护能力和责任感，还要有机地进行品德、知识、智力、美感等全面发展的教育，促进幼儿的体力、认知能力、行为习惯、情感、社会适应与个性等方面和谐的发展。

在实践中，六一幼儿院清楚幼儿的思维具体形象，因此养成教育的实施要求必须明确具体，切忌笼统，如"夏季，午睡前用热水擦身""进餐前介绍食谱，引起食欲，保证愉快进餐""保育员分饭菜时公平对待每个幼儿，动作要轻而快""教育幼儿懂得大活动量后应该休息片刻再喝水""为本班幼儿选择进出寝室的最佳路线，开始形成节约时间的观念"等。六一幼儿院提出了一套明确而具体的程序和方法，确保幼儿学会，同时也能保证保教人员对幼儿的一致要求，并要求保教人员必须做到细致、严格。

"洗脸"常规，对3岁幼儿，主要是教以动作，明以指法，不放松任何小节，保证练就扎实的基本功，如擦嘴要从两边嘴角入手，再向中间靠拢；洗脸要先在脸上擦三圈小圆圈，再在脸部擦三圈大圆圈。对4岁幼儿，则进一步启发他们规范行动的主动性，使之在"知其意"的层次，巩固手法。待幼儿到5岁之后，规范要求已转为幼儿对情感需要而设计。

六一幼儿院对不同年龄阶段的幼儿，用适合不同幼儿特点的方法和要求，使常规培养起到促进每个个体德智体美全面发展的作用，培养幼儿的自信、自理和自觉等素质。

此外，六一幼儿院推出的因人施教，保证每个儿童都以适宜的方式养成良好的行为习惯，如在洗澡时，要求教师"照顾体弱幼儿先洗，穿好衣服，防止感冒"，保育员要"重点照顾个别能力差，行动不灵活的幼儿，注意安全，为幼儿擦干身体"。

六一幼儿院还认识到合理的生活制度是保证幼儿身心健康发展的重要因素。什么时间做什么，为什么做，为什么需要这么多时间等，都根据幼儿的生理、心理特点，对一天活动的安排加以通盘考虑，力求提高幼儿在生活环节活动的能力。

在继承革命传统的基础上，六一幼儿院进一步将幼儿一日生活中的活动分为：生活活动、游戏活动、教育活动、体育活动、自由活动和劳动活动。活动形式多样，室内外兼有，有组织的活动与自由活动交替，动脑动手结合，

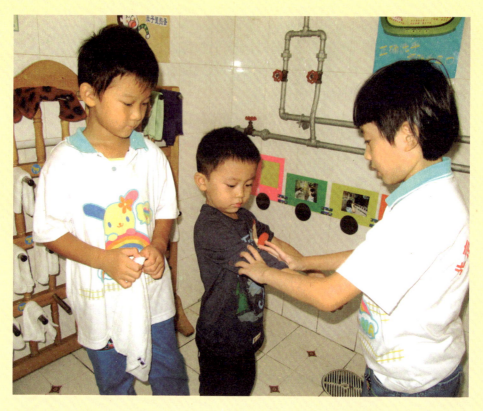

静与动配合，集体与分组交叉，使全班幼儿每天都生活在快乐、有序、和谐、友好的气氛之中。

今天，伴随着幼儿教育的不断发展，如何在幼教工作中既关注孩子们的身体健康，又关注心理健康？如何在保育工作中关注个体差异？如何在呵护孩子的过程中将过去"严格的常规转变为快乐的学习""被动地接受转变为主动地学习""消极的保护转变为积极的锻炼和培养"？经过近半个世纪的探索，"养成教育"的理论学习与实践探索已经植根于六一幼儿院每位保教人员的每日工作中，并随着幼教改革的进一步深化，在每日工作中不断检验、调整与完善。

六一幼儿院在反思中不断实践，用教育家的智慧导航，走出了一条符合现代教育理念的创新发展之路。

/ 二 / 学之初享快乐

传统认知对幼儿园及幼教的理解非常简单——不就是带孩子玩吗！可谁都知道，怎么"玩"所形成的教育效果确实很不一样。在六一幼儿院这所传承着先辈精神，焕发着青春气息的幼儿教育机构里，生活学习的小朋友有共同的特质，那就是发自内心的快乐。

六一幼儿院的"教育经"是提倡幼儿在生活中学习，在环境中成长，培养幼儿养成良好的行为习惯。教师们更会随时观察，抓住点滴教育契机，引导幼儿养成自觉遵守的好习惯。

快乐生活初养成

刚入园的幼儿，他们的心理需求是什么？是集体生活的要求、统一的规则，还是一种接近于家庭的自由自在的快乐生活？

教师组织正常的生活、游戏、学习活动是否需要常规要求、纪律要求？需要经历怎样的转变才能适应幼儿发展的需求？

孩子初上幼儿园

最初，孩子们一入园，家长就希望孩子在幼儿园这个集体生活中受到老师管束，纠正幼儿在集体生活中表现出各种"不适宜"行为，并且认为老师对孩子越严格则是越认真负责的表现。

很多幼儿园也曾顺应家长要求，从养成科学午睡的习惯出发，禁止幼儿怀抱家中的毛绒玩具睡觉，尽管有的孩子在家中三年都没有午睡的习惯，但到了幼儿园的集体生活中，就必须马上同其他小朋友一起午睡；有的孩子刚入园时还拿着小奶瓶喝水，从培养幼儿良好的饮水习惯考虑，不容商量，立刻让小奶瓶从幼儿园消失，等等。

还有许多如盥洗、进餐、游戏、学习、集体活动等环节中有太多的要求与纪律，很多幼儿园的老师们非常希望孩了们在短短一个月的时间内学会：用正确的方法盥洗，养成正确的睡眠习惯，养成不挑食等良好的饮食习惯，知道在集体活动、户外活动时跟随老师等。

豆豆的爸爸妈妈送豆豆上幼儿园，是想要改变豆豆在家早上不起、中午不睡和爱吃零食、不好好吃饭的坏习惯。豆豆融入集体生活之后，还要改变过于依赖妈妈和奶奶的坏习惯。可是幼儿园老师对豆豆的"纵容"让爸爸妈妈很是意外，并且有点担忧。

豆豆中午不睡觉，还缠着老师玩。因此，老师说豆豆每天可以只上半天学，慢慢适应幼儿园生活。有时候，豆豆还可以享受不在幼儿园睡觉的自由。豆豆的爸爸妈妈认为这是老师的纵容，既然已经选择了上学，那就得守规矩，哪能三天打鱼两天晒网呢。

豆豆刚上幼儿园时，总是扭扭捏捏，一路上哭哭啼啼，可是碰到幼儿园的老师就会高兴起来。如果幼儿园门口有老师来接，她就破涕为笑，高高兴兴牵着老师的手一起去班上。

豆豆的爸爸妈妈觉得这样也不太好，因为豆豆经常为不上学而哭闹，说不清楚原因，却让人心焦，老师这么办是不是不负责任呢？毕竟一个班的孩子，这种对于豆豆的"特殊"，老师怎么照顾得过来呢？

随后，豆豆感冒了，有点咳嗽，在课间流汗之后受了凉。妈妈听豆豆说："老师不让我咳，拍打了我，还捂了嘴巴。"豆豆的爸爸妈妈终于和老师面对面交谈了，对于豆豆所说的老师不让豆豆咳嗽、"拍打"她和"捂嘴巴"，老师说这个是为了防止孩子咳嗽时"呛着"和影响到其他孩子，而不是老师对孩子咳嗽的禁止行为。

另外，对于家长提出的事与愿违等，老师的解释是：初入园的孩子们没有按家长的意愿养成好的行为习惯，是幼儿园老师考虑到幼儿的心理需求、情感需求及个体差异。如果家长过分要求，严加管教，还会在一定程度上影响幼儿的情绪。

六一幼儿院的老师们认为：对于刚刚离开家的三岁孩子，来到幼儿园这个相对陌生的环境中，他们期望得到的是一份尽可能接近于家庭环境的宽松和自由，是一份似母亲般的包容和接纳，而非一个个对于他们来讲显得有些严格和约束的常规要求。因此，对于初入园的孩子们，养成科学、合理的常规不是他们最主要的需求，他们想要的是快乐、轻松的幼儿园生活。

听了老师的话，豆豆爸爸妈妈的敬佩与信任相伴而生。

为了让孩子们可以尽快度过与家长分离，融入幼儿园并被接纳的这一艰难过程，六一幼儿院的做法是：初步接纳幼儿在家已经养成的一些生活习惯，如喝奶、睡眠、进餐、大小便等，且允许入园后保留一段时间；接纳幼儿的个体差异，包括适应的速度、接受能力、情绪的不同等。

六一幼儿院还着力从外部营造家庭化的幼儿园生活，做孩子的"老师妈妈"，在起床与进餐时播放轻柔的音乐，在睡前播放熟悉的故事，以亲切、亲密、自然的方式使幼儿适应幼儿园生活。

规则是人们在日常生活、学习、工作中必须遵守的行为规范和准则。幼儿期是萌生规则意识和形成初步规则的重要时期。著名教育家叶圣陶曾经说过："教育是什么？往简单方面说，只须一句话，就是要养成良好的习惯。"而良好的行为习惯建立在良好的规则意识和执行规则的能力上。因此，六一幼儿院会在一日生活中注重培养幼儿的规则意识，同时也会通过一些游戏活动引导幼儿感受规则的重要性，学习与同伴协商解决问题的好习惯。

乐观面对隔离期

每年的五月底，都是六一幼儿院最繁忙的时期，时值建院纪念活动则更加繁忙。朱老师带着孩子们为六一幼儿院的生日共同制作礼物，排练精彩的节目，同时朱老师班上的孩子们还光荣地成了当天活动游戏大会"食品一条街"的服务人员。这可是一个特别有趣又特别有挑战性的工作。

孩子们从如何准备、如何接待、制订计划、安排环节到遵守规则等环节，反复调整了好几遍。

当孩子们一切准备就绪了，期盼着建院纪念日的来临时，却传来了坏消息。锐锐妈妈从医院打来电话：锐锐前一段时间身体不好，在医院确诊感染了手足口病。这个消息意味着全班幼儿都要隔离，所有院庆活动都不能参加了。

隔离的规定必须遵守，尽管这是孩子们在幼儿园的最后一个儿童节，尽管孩子们为院庆活动准备了一个月的时间。

朱老师面对天真无邪，毫不知情的孩子们，想想要告诉他们因为隔离的原因，之前所有的工作都白做了，所有的活动都不能参加了，孩子们得多失望啊！朱老师都觉得有些不忍心。

在家长支持下，朱老师还是要面对孩子们。

嘟嘟和大壮跑到老师跟前说："朱老师，我们的节目再练一遍吧，我们怕忘了。"彤彤和伊凡也过来说："朱老师，我们宣传营养知识的小组什么时候去小班给弟弟妹妹们做介绍呀？"

朱老师告诉孩子们，为了控制传染，与锐锐同班的孩子们都要按规定进行隔离，班上所有的庆祝活动都不能参与了。教室里刚才还叽叽喳喳的声音霎时消失了，将近一分钟的沉静，朱老师从来没感受过这样的沉静，鸦雀无声……一会儿，有人哭了，是彤彤，紧接着，伊凡、妞妞、小硕、琪琪好几个女孩都哭了。这时，大壮冒出来一句："都怪锐锐！"嘟嘟也说："就是。"

朱老师见状，和孩子们进行了长时间的交流，并告诉孩子们这事可不能怪哪个人，锐锐也不想这样，也会跟同学们一样因此难受。朱老师还和孩子们回忆了"当我们面对改变时，可以怎么办？"的课程。

孩子们很快接受了这个改变，他们积极地行动了起来：一起给锐锐打电话，安慰锐锐并叮嘱他好好休息，还告诉锐锐已经委托老师把大家准备的"食品一条街"的内容、规则、图片等交给其他班的同学们去完成……看着这些，老师感到孩子们变得坚强起来了，他们正在茁壮成长。

小阿力的大学校

进入三月，孩子们就面临小学的面试了，大班的幼小衔接主题活动也就开始了，关于这方面的话题和想法的孩子们也越来越多。

一天，墨墨对老师说："朱老师，我要去面试了，有些紧张。"朱老师摸着他的头说："你还紧张？没事！"他皱了一下眉头说："不紧张，不紧张。"看着他摇着头走开的背影，朱老师陷入了沉思：连墨墨这么开朗、外向的男孩子都这么紧张，那其他孩子们是不是也都有同样的问题呢？

通过对《小阿力的大学校》这本绘本的反复阅读与感受，朱老师发现这本书分两部分：前一部分小阿力得知自己要上学了，在高兴之余有很多担忧，还很紧张；后一部分小阿力真的到了学校，感到学校其实一点儿也不可怕，老师亲切，新朋友友爱，他非常开心。

对照班里的孩子，他们现在正处于前一阶段，高兴又紧张，心里有着各种各样的想法，老师要认同他们的想法，给予他们充分的表达机会，说出心里的想法；其次是针对后一阶段，朱老师要引导孩子们在充分表达的基础上来发现其实学校很有趣，在这里会有许多新的朋友与发现，用不着紧张，放松心态。

带着这样的想法与目标，第二天一上课，朱老师拿出了《小阿力的大学校》这本书，墨墨说："又要讲故事了吧？"琪琪说："我可喜欢听故事了，今天讲什么？"认字多的大正手指着念道："小阿力的大学校，这是讲什么的？"孩子们七嘴八舌地议论开来。

老师说："小阿力是这个小男孩的名字，他和你们一样，也要上小学了，想不想知道他有什么想法？""想！"孩子们异口同声地说。朱老师开始讲故事，教室里安静极了，孩子们的表情随着小阿力的心情一起越来越难受。

当讲到"小阿力做了一个很可怕的梦……"时，墨墨说："他一点也不高兴，他紧张。"祥祥说："他不太想上学，他想待在家里。"心妍说："他有些害怕。"琪琪说："他有些担心，他害怕迷路，因为他从来没去过学校。"大壮说："他不会系鞋带，他可能还怕别人欺负他。"……

老师鼓励孩子们把心情和想法画下来。墨墨的画上全是黑色，朱老师问他："你为什么不把衣服涂上颜色？""我有些紧张，看什么都不好看了，所以不画颜色。"心妍的画上一个小姑娘流出的眼泪像两条河，她说："我要去的学校一个朋友都没有，我害怕。"琪琪的画上只有一颗大大的心，边缘弯弯曲曲的，她说："这表示我特别紧张，我怕学不好老师说我，我怕小朋友们不喜欢我，我怕数学题都不会做。"……

小阿力的故事讲完了，教室里的空气变得轻松了起来。

佳雨说："小阿力现在特别开心，因为他有了新朋友。"铭铭说："小阿力不害怕了，因为新老师特别好。"晓渠说："他很开心，因为老师让他们说养宠物的事，他喜欢。"平时特别不爱讲话的盈盈也举起了手："小阿力不紧张了，因为有好多小朋友，老师也喜欢他。"老师和小朋友们一起为盈盈鼓起掌来，就像故事里一样……

老师告诉孩子们："其实不用紧张和害怕，学校里有许多新奇的、有趣的事情在等待着我们，会有亲切的老师，会交到新朋友，会学到许多本领，你们会长大，像小阿力一样，是不是？""是！"孩子们的回答响亮而坚定。

我的柜格很整齐

整理柜格，这原本是保育员老师工作中一项很普通的内容，多年来，没有过争议，老师们每天都在不辞辛苦地帮助孩子们做着整理，孩子们也理所当然地享受着这样的帮助：需要换洗衣物了，干净的内衣便整齐地摆在了他们的面前；自己取放书包内的物品后，被翻得杂乱无章的柜格，一觉醒来便在老师勤劳的双手中变得整整齐齐。六一幼儿院的老师同其他幼儿园的老师一样，一直这样无怨无悔地承担着这项工作。

直到有一天，老师们发现，在幼儿的一日生活中蕴含着许多促进幼儿发展的机会，如果在这些环节中，成人采取的是替代与消极的保护，发展的机会则会从幼儿身边溜走。反之，这些看似平常的生活环节将会成为一个个宝贵的教育资源和机会。

经过热烈的研讨之后，老师们决定从"整理柜格"这个普通的生活环节入手，由过去的教师整理柜格改为幼儿自己整理。对于这样一个生活环节的改变，大班老师们基本上是一致赞同的，主要是因为大班幼儿即将面对的是升入小学后一切开始自我管理的要求，大家认为如果能够在幼儿园阶段，从生活环节中自然地开始培养，如让幼儿整理自己的衣物、整理自己的学习用具等应该是可行和适宜的。

接下来的现状却有些出乎老师们的意料，原本认为将实践的机会、锻炼的机会交给了孩子们，应该是个不错的尝试，但是经过幼儿整理后的柜格依然很乱，衣服、书包、彩笔、纸张等常常是乱作一团。

怎么办？老师们经过思考，想到了利用环境这一隐性教育资源。于是，老师设计了一张正确摆放衣物的图示，贴在柜格的旁边，让幼儿和家长通过看图示，来帮助他们更好地整理柜格，并培养了幼儿理解图示的能力。新鲜劲儿过了，整理柜格的图示渐渐地变成了一种装饰。图示的方法固然非常好，它可以使幼儿通过观察图示、理解图示来解决生活中遇到的困难，但这是老师设计的，现在需要孩子们一起来参与整理小柜格的活动。

又一个新学期到来了，这一次，老师让孩子们在生活中自己发现问题：换衣服时，因为柜格乱，有的找不到背心，有的找不到袜子……孩子们嚷嚷

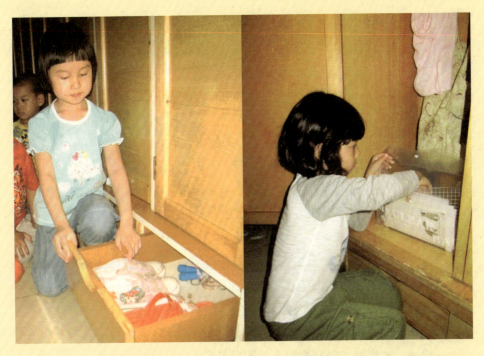

成了一团，只得请老师一个一个帮忙找，结果错过了看动画片的时间。

孩子们意识到，应该把柜格收拾整齐，分类摆放好，换衣服时就方便了，柜格还会很整齐好看，更不会影响做其他的事情。

老师抓住机会和孩子们进行了讨论：你们找不到衣服时，心里什么感觉？影响了看动画片，心里又是什么感觉？为什么找不到衣服呢？我们应该怎么解决这个问题呢？通过讨论，孩子们得出了一个结论：把柜格收拾整齐。于是，孩子们根据自己的想法设计了柜格衣服摆放图示，经过共同讨论和选举，确定了最适宜的和自己喜欢的图示。孩子们便参照它们来整理柜格，并决定谁的小柜格整齐就给谁的小柜格挂上一朵小花。

在后来的整理活动中，老师退居幕后，仅作为孩子的助手，孩子们的柜格越来越整齐了。这件事让老师们更加深刻地认识到，当老师放弃"消极保护"的同时，不能放弃教师的观察和引导，不能放弃幼儿的主动参与。只有包含着幼儿主动参与和教师有效引导的培养和锻炼，对幼儿来讲才是积极有效的。

我的小手真能干

在六一幼儿院里，大班的孩子们可以做更多的事情了，这不但是他们生活能力的提高，同时也是他们对自己成长的期待。基于这一年龄特点与幼儿的需求，老师们准备继续从幼儿生活入手，尝试着让孩子们自己来学习整理床铺。

一天起床后，孩子们穿好了衣服，老师就站在孩子们中间开始做动员工作。老师说："当了中班哥哥姐姐后，我们不但会自己动手穿衣服、脱衣服，我们还学会了擦桌子、发碗筷、放被子……掌握了这么多的本领，我们的小手也变得越来越能干了。现在我们就要升入大班，做幼儿园里最大的哥哥姐姐了，又有一个新的本领等着我们小朋友来挑战呢！"说到这里，老师向床上的被子一指："能干的哥哥姐姐，今天就让我们一起来试试自己叠被子吧！"

听完老师的这一段话，感到新奇的小朋友们迫不及待地走到了小床边开始叠了起来。负责配合的杨老师及时举起了摄像机，记录下了孩子们热火朝天叠被子的情景。

一会儿，老师就发现有的幼儿动作慢了下来，小曼还一边叠一边嘟囔着："这个边怎么多出来了？"小美看着自己折成一个卷的被子皱着眉头，东拽拽，西抻抻，一副不满意的样子……

看到这里，老师招呼着孩子们来到身边，问道："第一次叠被子，你们有什么样的感受？"听到老师的问题，孩子们简直炸了窝。有的说："乱死了，太难看了！"有的说："张老师叠的不是这样的。"还有的说："老师，赶快把窗帘拉上，别让其他班小朋友看到，要不然他们该笑话我们了。"看到孩子们的积极性减了一半，老师给小朋友讲起了道理："如果总是让别人帮忙或者把我们的不足藏起来，我们都不会进步。老师这里有一个好方法可以让我们小朋友自己就能把被子叠好。"说完老师故意停了一下，观察孩子们的动静。

在孩子们急切的目光下，老师轻轻地说道："你们知道吗？叠被子可是大班哥哥姐姐最棒的本领，我们可以向他们学习，让他们来教教我们不是就会了吗！"

接下来，老师和被激发的充满主动学习欲望的孩子们一起来到了大二班的睡眠室。之前，中班的老师已经和大二班的老师就今天的活动做了多次沟通，他们早就做好了充分的准备。中班的老师说："先看看吧，这就是哥哥姐姐今天中午起床后自己叠的被子。""哇！太棒了，太整齐了，太好了……"顿时，教室里发出了一片称赞声与感叹声。

"我们现在来听听姐姐介绍一下将被子叠整齐的好方法吧。"接下来，一位大班姐姐走到被子那里，打开翻好，随后一边叠一边讲解，杨老师及时将讲解内容以图画的方式，记录在了纸上。

随后，老师给孩子们提出了问题："刚才看了姐姐叠的整齐的被子，相信我们也一定都想把自己的被子叠得像他们的一样整齐。怎样叠被子才会整齐呢？让我们来一起说一说吧！"老师一边调动幼儿刚刚获得的经验，一边引导着他们看图画中梳理出的内容给予及时的支持，如被子要铺平后再叠其他边，宽窄与自己的小床一样，叠好后要进行整理等，孩子们说得很认真。

云云提出："老师，能让我们试一试吗？"看到孩子们热情高涨，老师说："可以，但是这是哥哥姐姐刚刚叠好的被子，你们要问问哥哥姐姐是否同意。"老师的话音刚落，大二班的朱老师笑着说："哥哥姐姐知道你们要来，早就准备好了要当小老师了，你们可以每个人找一名哥哥姐姐，在旁边帮你

们看一看，如果叠的过程中忘了，可以让哥哥姐姐来告诉你。"

朱老师的话音一落，中班的孩子们就主动去拉哥哥姐姐的手，开始尝试自己叠被子。这时的杨老师又举起了手中的录像机记录下了这学习的场面。

学习活动结束后，老师和孩子们回到了班里。杨老师取出了录像机，请小朋友们看了刚才录的两段录像。看完录像，老师问他们："看了这两段录像，有什么感觉？为什么？"

路路说："第一次的被子很乱，第二次的被子很整齐，我喜欢整齐的被子。"

轩轩说："哥哥姐姐教我们叠被子的方法了，所以后来我们的被子整齐一些了。"他说得很实在，确实叠被子有了进步，但还称不上很整齐。

老师说："哥哥姐姐认真地教了我们叠被子的方法，我们小朋友是怎样学的呢？"

"我们也是认认真真学的。"孩子们异口同声地说。

"你们瞧，其实叠被子也没有我们想象的那样难，只要我们找到方法，认认真真地学习，我们就能做好，对吗？"

"对！"孩子们用响亮的声音回答了老师。

"那就让我们用这双能干的小手，学习叠被子，学习帮助弟弟妹妹，做更多的事情吧！"

快乐学习初体验

分享阅读

六一幼儿院长达8年的分享阅读课程实施与研究，受到了北京师范大学幼教专家的肯定，也被孩子的家长所认同。

家长说："六一幼儿院的分享阅读活动可真好，我们家闺女回家后用手指着书里的字，一字不落地给我们读出来了，我们都非常吃惊，真是不敢相信呀，老师太了不起了，分享阅读活动对孩子太有帮助了……"

六一幼儿院的孩子们已经深深地爱上了分享阅读活动，并且从中受益。

有一本《熊小弟的栅栏》绘本故事书，书里说的是一只想不断解决小兔子偷菜这一问题的小熊，如果老师拘泥于孩子们知道兔子会打洞的认知，而忽略了主人翁小熊的授课方式，这确实不能引起孩子的阅读兴趣。

而老师则不动声色很自然地引导着孩子们一页一页地看下去，孩子们发

现小熊想了很多的办法：把栅栏加高、加密或间隔变窄等。小熊可比小朋友爱动脑筋呢，他一会儿气得跳起来，一会儿生气吃惊得帽子都飞起来，孩子们的疑问和猜想跟着画面跌宕起伏、一波三折。最后，问题的答案在发展了孩子们的观察力、思维能力和表达力后揭晓——原来兔子真的会打洞！这个过程让孩子们体会到阅读的无限快乐。

不断地阅读，不断地分享，这种不以学习为主要目的的分享阅读活动，强调的是享受阅读，孩子们可以凭借色彩、图画、声音等途径来理解事物，激发幼儿的阅读兴趣，培养幼儿良好的阅读习惯，使幼儿掌握良好的阅读技巧。

分享阅读活动还注重轻松、愉快、亲密气氛的创设，让幼儿在享受亲情的过程中体验到阅读的快乐。最后，分享阅读活动强调从共同阅读到独立阅读的过程，真正体现家园的教育互动性和师生的教育互动性。它的核心价值在于以轻松愉快的方式培养幼儿的阅读能力和兴趣，它可以让孩子感受阅读、享受阅读。

王家筠的家长在参加分享阅读开放日活动时说：

同样一本图画书竟然可以用这样的方式读！一本薄薄的、只有简单几句话的图画书，在我没有参加分享阅读开放日活动之前，通常会在两分钟内读完。那故事，只是一个没有什么印象的普通故事；而那书，则感觉更像是一本认字书。但是今天，它竟然变成了一个神奇的世界！还是那个普普通通的故事，竟然让我的眼睛、耳朵和心在近一个小时的时间内没有停歇。

为什么会这样？孩子还是那个孩子，书还是那本书，所不同的就是王老师精心地、风格多样地引导，在言语与神情方面与孩子适时地互动，让听者的心也钻到了故事里。

慢慢地我发现，故事最后不是由作者写的，而是被孩子们的心和眼睛发现并拓展的，他们可以这样想，也可以那样想，每个人都乐在其中。

通过这堂神奇的分享阅读公开课，我明白了，讲故事不应该只是给孩子念文字，而是要像仙女一样挥舞她手中的魔法棒，为孩子们点开一个又一个美妙而神奇的盒子，鼓励他们自己去发现那里的秘密。

也许到最后，故事并没有一个结尾，它会随着孩子们天真烂漫、丰富的想象开始新的旅行。简单并非真的那么简单，当简单有了方向、有了翅膀，生活就会像花园一样美好。

数学启蒙

对于幼儿关于"数"的概念的获得，皮亚杰指出："假定幼儿只是从教学中获得数的观念和其他数学概念，那是一个极大的误解。相反，在相当程度上，儿童是自己独立地、自发地发展这些观念和概念的。"朱金岭老师读到这段话后很受启发，她在思考，在六一幼儿院能不能通过日常生活情境中幼儿遇到的各种与数学有关的问题，刺激幼儿进行数学思维的自然过程，有效地促进幼儿在与环境的交互作用中建构数学概念呢？

朱老师和六一幼儿院领导有了模仿这种教育模式和方法的想法。成勇副院长在研讨会上说："反观我们在这方面的教育，的确非常贫乏，这主要有以下的原因，老师在这方面的能力较弱，不知道如何进行；还有一些传统的观念影响老师们跳出一些原有的框架。"

之后，朱老师和孩子们一起开始了自然角里种蚕豆的对比实验，孩子们非常感兴趣，并进行了猜想。随着时间的推移，他们发现蚕豆苗发芽了，并在一天天长大。

朱老师发现这正是让孩子们在生活中学习测量的好时机！

一天，孩子们又聚在自然角，七嘴八舌地谈论着蚕豆苗的变化，并拉着朱老师也去看。

汪嘉说："朱老师，你看，我们组的蚕豆苗都长高了。"

林泉说："我们组的最高。"

朱老师见机问道："你怎么知道的呢？"

林泉说："依我看比较高。"

汪嘉说："看的不算。"

"怎么才能知道小苗长多高？哪一组的最高呢？"

高乾铭说："应该量一量才能知道。"

其他孩子们也说要量一量。怎么量呢？孩子们的表现让朱老师大开眼界——邢坤用手来当测量工具，高乾铭选用了卷尺，吕建菲、李诗岚等选用了吸管，冯皓川、何思晏等选用了纸条，孔垂轩选用了大纸筒，徐贝雪选用了木条，何浩瑞选用了拼插玩具，陈奕龙、贾晟义等选用了海绵，夏静妍选用了小线，王瑞祺选用了牙膏盒……

朱老师在课后总结材料中写道："孩子们几乎都是选用的'非标准测量的工具'，虽然高乾铭选的是卷尺，我看到时刚开始以为他知道怎么用，但仔细一看他其实拿倒了，他的卷尺的作用是和纸条等东西一样的。看来，不管我们教给孩子们什么，都要符合他们的年龄特点和学习特点，完全是教师为主的'教'是行不通的。"

测量工具不标准的问题只有等孩子们自己来发现。随着时间的流逝，蚕豆苗越长越高，孩子们的测量兴趣又一次被激发了，他们纷纷商量着要再一次量一量。

在老师的引导下，孩子们还是找来了"上次"用的"测量工具"。很快，他们就发现了问题。贾晟义说："我们的小苗长得太高了，我们的工具不够用了。"王佳惠说："我们的吸管不够长了，又剪又粘真麻烦。"冯皓川说："我一个人干不了了，得找人帮忙了。"

由于上次的小苗长得矮，孩子们对自己选用的"非标准测量工具"还非常满意，并没有发现不方便的地方。这一次，小苗长得很高，孩子们在测量中发现了很多的问题。在这一次活动中，孩子们已经感觉到"什么样的工具比较好用、适合"，并且已经能够灵活应用"非标准测量工具"来测量并表达标准。不仅如此，他们的测量开始出现了几个人合作的内容，这让朱老师更加开心。

解决问题

在刚刚过去的周末里，孩子们和爸爸妈妈运用废旧报纸一起创编了许多有趣的游戏：当当和妈妈一起用报纸团成球再卷成棍，全家一起玩起了"曲棍球比赛"；铭铭和爸爸合作，在一张报纸上剪了两个洞，分别把头钻进去穿上一件衣服往前走；东东和姐姐找来很多张报纸叠成小块铺在地上，姐弟俩当小青蛙来跳"荷叶"；鹏鹏家最有创意，先将报纸剪个大洞，爸爸妈妈拎着报纸让鹏鹏钻洞洞，之后将报纸剪成条玩捉尾巴游戏，最后干脆将报纸全部撕碎洒向天空，家里瞬时下起了报纸雨。孩子们将自己和爸爸妈妈在家玩报纸的照片带回了幼儿园，朱老师帮小朋友把这些好玩的报纸游戏布置到了班级墙面上，和孩子们一起玩报纸游戏，通过报纸游戏引导幼儿学习与同伴商量，合作游戏，感受规则的重要性。

活动开始后，在朱老师的引导下，孩子们来到了照片墙前面，两个幼儿自愿结合，两人一组，取一张报纸，在墙面上找到可以两个人一起玩的游戏来试一试。铭铭和想想是好朋友，铭铭模仿爸爸的样子给报纸剪了两个洞，和想想一先一后钻进了洞里，还没开始往前走，只听报纸"刺啦"一声撕成了两片，铭铭很生气，埋怨想想离自己太远。朱老师看到后赶忙走过去，对铭铭说："铭铭，在家的时候你和爸爸的报纸撕坏了吗？"铭铭说："刚开始撕坏过一次，后来我和爸爸离得很近，这样走起来报纸就不撕了。"朱老师拍手说："多好的主意呀，可是你的朋友想想还不知道呀，你得告诉他、和他商量，两个人都知道好办法，这样才能走得好呀！"铭铭认真地点点头，开始和想想商量起来。

10分钟过后，朱老师将孩子们聚拢起来，把刚刚自己看到的铭铭和想想一起商量解决问题的好方法分享给全体小朋友，接着她提出了新的游戏"夹心饼干"。朱老师和这个游戏的提供者朵朵小朋友一起为大家做示范，只见她们两个面对面，把一张报纸夹在中间，两个人一起往前走，报纸就像一块小奶油把朱老师和朵朵紧紧地粘在一起，孩子们欢呼起来，也都要试试看。

于是第一次比赛开始了，刚出发报纸就噼里啪啦地往下掉，有的小朋友开始着急了，这报纸怎么那么不听话，不像朱老师的那张报纸可以粘在身上呀。朱老师请体验过的小朋友想一想：怎样走才能让报纸听话不掉下来呢？

孩子们和自己的伙伴小声地讨论起来，朱老师听到一然对果果说："咱们俩的肚子都要往前挺着，用肚子把报纸夹住。"乐乐和悠悠商量着："咱俩学小螃蟹走路，同时迈前面这只脚，然后后面的脚跟上，再迈前面的脚，好吗？"……

朱老师请有好办法的小朋友来和大家进行分享，大家可以尝试这些好办法再进行一次比赛。

第二次的游戏果然比第一次有了很大的进步，孩子们都和自己的伙伴商量出好办法，有的相互拥抱在一起；有的边走边喊着"一二、一二"的口号；有的双手相握像是在跳优美的交谊舞……总之，孩子们商量出的办法都很棒，报纸不掉了，"夹心饼干"成功啦！孩子们的欢呼声在操场上空回荡。下次他们要挑战铭铭和爸爸的游戏，两个人穿一件报纸衣服。朱老师相信，有了这次的游戏经验孩子们一定能商量出更好的办法，同时在生活中遇到困难和问题时他们也会去和同伴商量解决。

乐于思考

随着幼儿对幼儿园生活的日渐熟悉，他们的生活、游戏和学习内容更加丰富了，但同时遇到的问题和困难也增多了。面对困难，有的孩子能够积极克服，有的孩子会迷茫，选择逃避、放弃，或与同伴发生纠纷。

为了鼓励幼儿在生活、游戏和学习活动中能勇于克服困难，积极解决问题，提高幼儿的独立意识和能力，增强幼儿的自尊心和自信心，六一幼儿院将"爱动脑筋的小明星"活动选入了课堂。

主要做法是，由老师用录像机收集孩子们在日常活动中遇到问题和困难时的具体表现，然后和孩子们一起看录像，讨论收集来的问题，共同协商出解决办法。

有一段录像是在区域活动美工区发生的：

"小丽在做果壳粘贴画时，开心果的果壳胶棒为什么总是粘不住，我们可以怎么做呢？"小强说："我粘花生壳时也粘不上去，后来我用胶条粘的。""那我们一起来试一试吧！"小丽的开心果果壳粘是粘上去了，但不是特别美观。杰瑞举手说："我们家有一种乳胶，妈妈和我一起用棉签蘸着乳胶能把瓜子壳粘在纸上。""这个方法我们也可以尝试一下。谢谢小强和杰瑞的建议，你们真是爱动脑筋的小朋友，有了大家的帮助，以后我们再做粘贴手工作品时就不难了。"

还有一段录像是在区域活动的建筑区发生的：

"旺杰小朋友去厕所了，天一小朋友就进了建筑区，我们怎么办呢？"孩子们你一言，我一语地说："等旺杰上厕所回来，天一就要出来。""旺杰上厕所，天一也不能进去，他不知道建筑区小朋友搭的是什么。""天一可以明天再选择去建筑区玩。""天一可以和旺杰商量，谁留在建筑区。"听着孩子们的话语，老师不时地点头，鼓励孩子们积极动脑筋思考解决问题，并用微笑和简短的话语夸赞他们。

日常生活中，老师观察并记录幼儿积极动脑的语言及行为，分析存在的问题及原因，并跟据设计开展相关活动。

老师还布置"爱动脑筋的小明星"墙体装饰活动，让孩子们每人做一朵代表自己的小花。在每天的生活、游戏和学习中，由老师请孩子们说说自己在做哪些事情时积极动脑筋想办法了，鼓励他们回忆自己已有的经验和做法，同时爱动脑筋的小朋友可以给自己的小花贴上一片漂亮的花瓣。

通过开展"爱动脑筋小明星"的系列活动，老师给孩子们创造了一个学习发现问题，并愿意尝试解决问题的良好环境和氛围，孩子们的独立意识和解决问题的能力都大大增强了。

/三/ 看世界习相处

如何为孩子们准备一份帮助认知的礼物？六一幼儿院的老师们煞费苦心。

经典绘本故事《象老爹》就是这样一个礼物，它告诉小朋友如何正确认识这个世界。

象老爹和老鼠妹妹是好朋友，他们整天形影不离，互相帮助。随着时间的推移，象老爹越来越老了，耳朵听不清声音，眼睛也花了，还经常回忆以前的朋友和事情。

有一天，象老爹带着老鼠妹妹来到了一个山谷，并告诉老鼠妹妹经过一座独木桥，对面就是大象天堂，所有老了的大象都要到那里去，自己也要去了。但是他们突然发现独木桥断了，只有老鼠妹妹才能修好。

老鼠妹妹舍不得象老爹离开，所以她不肯修桥……日子一天天过去，象老爹越来越老了，越来越不爱说话，而且还生了病，老鼠妹妹看在眼里，心里难过极了！她虽然舍不得象老爹，但是……她终于决定来修桥，好让象老爹踏踏实实过去。桥修好了，老鼠妹妹看着象老爹一步一步走过桥，耳边回响着象老爹对她说的话：一切都会好起来的。

经典绘本故事《象老爹》让老师被象老爹和老鼠妹妹那真挚的亲情打动，被象老爹和老鼠妹妹尊重生命，乐观向上面对生活的精神打动。

这份礼物带给了孩子们什么呢？

大勇说："当看到象老爹坚定地走上了那座窄窄的小桥，听到它和老鼠妹妹最后的对话时，我又伤心又高兴，伤心是因为象老爹走了，永远地离开了老鼠妹妹；高兴是因为象老爹要去一个幸福的地方——大象天堂。在那里它能够见到爸爸妈妈还有很多的好朋友。小老鼠渐渐地长大了，做了很多让象老爹高兴的事情。我现在也一天一天地长大，也要做很多让全家人高兴的事情。"

林林说："我觉得特别温馨，我特别喜欢老鼠妹妹，她能帮助象老爹。"

贝贝说："我听得都哭了，我奶奶去世的时候，爸爸说她去找爷爷了，就像象老爹去大象天堂找他的爸爸妈妈一样，他心里很快乐。"

小雅说："老鼠妹妹开始不修桥，是舍不得象老爹离开她；后来她又修桥了，因为象老爹想去，所以她要帮助象老爹。"

——说："老鼠妹妹又找到了一个新朋友，就是小鸟，但她不会忘记象老爹的。"

大壮说："我想妈妈了，我回去一定不惹她生气了。"

生活常识实践真知

把有危险的铁钉从玩耍的孩子身边拿走，而没有让孩子意识到它的存在，这样的保护是暂时的、消极的。当很多如铁钉一样的困难和危险再次来临时，一无所知的孩子们将会不知所措，他们需要拥有面对困难的勇气和战胜困难的能力，但这些都建立在体验与认知的基础之上。

六一幼儿院在养成教育中给予孩子锻炼的机会，让孩子们自己盛饭，盛汤，浇花，为小鱼换水，为乌龟洗澡等，叠被子、整理柜格等也进入了养成教育教学环节。

六一幼儿院认为，幼儿身心发展有客观规律并有着鲜明的自身特点，幼儿的学习方式主要是以"发现学习"为特点，以"体验感知"为主要方式，即幼儿更容易接受和理解那些通过亲自操作、亲自体验，感知发现的事物和道理。

六一幼儿院还发现，对这些孩子实施的有效教育应该更多地为幼儿创设充分体验和感知的机会，让幼儿在主动需求中学习。

地脏不脏

孩子们喝完水后，陆陆续续来到鞋柜前准备更换室外鞋出去活动。这时，只见轩轩很自然地曲了一下腿，跪在了地上，打开放鞋的抽屉，而元元则把两只脚上的鞋子都脱了，光着小脚正蹲在地上取室外鞋，浩浩小朋友拿出室外鞋后干脆一屁股坐在地上开始换鞋……

看到这些现象，老师有些无奈：为什么反复讲道理和多次提示，都不能促使孩子们养成正确的换鞋行为呢？即使如此，也得对孩子们进行教育呀，于是，只好再次边讲道理边提示："浩浩你坐在地上换鞋，把裤子都弄脏了。快起来，坐在柜子上换鞋吧！"

浩浩听了老师的话，从地上站了起来，然后回头看了看自己的裤子，理直气壮地说："不脏呀！朱老师，你看我的裤子上没有土。"原来，孩子们认为没有看见土，裤子就是干净的，地面也就是干净的，所以在老师的多次"提示"下，始终不能养成良好的换鞋习惯。

于是，老师和孩子们一起针对"坐在地上换鞋到底会不会弄脏裤子"

进行激烈的讨论。浩浩第一个发言："我觉得地上很干净，所以不会弄脏裤子。"明明马上反驳："不对，地上有很多脏东西的！"小米说："可是我们怎么没看见脏东西呀？"菲菲说："细菌很小，我们是看不见的，要用显微镜才能看见。"讨论到这里时，有的孩子赞成"地上不脏"的观点，也有的孩子同意"细菌是看不见"的意见，双方争执不下。为了验证到底谁说的最有道理，老师提议："大家一起做一次擦地实验活动。"孩子们一致赞成。

孩子们每人拿着干净的湿纸巾在自己柜子前的地上认真地擦了起来，不一会儿，瑞瑞和明明举着擦过地面的纸巾向老师跑来，并大叫："朱老师，快看我们的纸巾变脏了！"丁丁也皱着眉头说："我的纸巾也变脏了。"浩浩也用两个手指小心地捏着纸巾的一个角，把纸巾举到离自己身体很远的地方说："地板看着挺干净，原来有这么多脏东西呀！"

孩子们把干净的纸巾和擦过地的脏兮兮的纸巾又放在一起进行了对比，一边看一边摇头，你一言我一语地交流起自己的新经验和新体会。琳琳惊奇地瞪大双眼大叫着："太脏了，真是太脏了，地上怎么会这么脏呀！"轩轩说："对！地上太脏了，我再也不坐在地上换鞋了。"元元也忙说："我也不光脚踩在地上了！"……

看到孩子们在实验过程中充分感知和体验到地面的不卫生，听着发自内心的想法和感慨，老师趁热打铁，接着说："那我们应该怎样换鞋才卫生呢？"听了老师的话，孩子们马上开始出主意，有的说："要蹲着拿鞋。"有的说："要坐在柜子上换鞋。"有的说："先把抽屉里的鞋拿出来，然后再脱脚上穿的鞋。"有的说："收鞋时也要蹲着收。"

听了孩子们自己总结的方法，老师笑着说："你们想了这么多讲卫生的好方法，真是太棒了，咱们一起来试一试吧！"孩子们连忙跑到自己的柜子前按照讨论的方法开始换鞋。老师马上用相机捕捉到孩子们换鞋的正确行为。第二天，老师和孩子们一起布置了"为什么不能坐在地上换鞋"的主题墙面。

在进行了直观而充分的体验之后，孩子们在每次的换鞋环节中都能够积极自觉地用正确方法来换鞋，逐渐养成了卫生的换鞋习惯。

以往，成人总是以说教的方式教育幼儿养成适宜而良好的健康行为与习惯，但成人认为合理而科学的道理，幼儿却不一定能理解和接受，因此，教育的效果总是不够明显。对于幼儿来说，真正有效的学习其实是一种心智活动，而不是单纯的记忆或理解。

节水漱口

就拿漱口这件小事来说，在一日生活中，早中晚餐前幼儿都会自己洗手、接漱口水，尽管老师每次都提醒幼儿只接半杯水就够了，但是，每次还是有很多幼儿接多半杯或一杯漱口水。饭后，幼儿漱完三口水，剩下的水就倒掉了。面对孩子这种无形中的浪费，老师皱起了眉头，想着要用什么样的办法来解决。

一天，在老师没有提前提示的情况下，孩子们像往常一样接好漱口水。晚饭后，老师对孩子们说："现在，请小朋友们漱三口水后，如果杯子里还有剩下的水，就倒在老师这个盆里。"幼儿觉得挺奇怪，但是他们还是兴致勃勃地依次把剩下的水倒进了盆里。

等最后一个小朋友倒完，老师把孩子们都集中在一起，故作惊讶地大声说："原来会剩下这么多水呀！"老师端着盆，走过孩子们身边，让他们每一个人都能看到盆里有少半盆水，老师的情绪带动了他们，孩子们也惊讶地说："剩这么多水！"

老师对孩子们说："今天，咱们把小朋友漱完口的水都收集在这个盆里，可是，你们平时会把剩下的漱口水怎样处理呢？"孩子们不约而同地说："倒掉了。"老师脸上带着非常可惜的表情，说："咱们吃一次饭，漱一次口，就白白倒掉这么多水，一天吃三次饭，漱三次口，得浪费掉多少水呀！太可惜了！"孩子们有的看着老师在思考，有的相互看着，有的说："太浪费了，真可惜！"

紧接着，老师又问："你们说说，剩下的这盆水该怎么办？""可以洗抹布！""冲厕所！""刷池子！"老师笑着说："这些水的用处可真多，我们就让它做更多的事情，而不是白白地浪费掉。"孩子们异口同声地说："好！"

"以后接漱口水时，我们要注意什么呢？"老师继续问道。"水要少接点。""先接少点，不够，可以再接。""水龙头要开小一点，要不然，就会接多了。"老师高兴地为孩子们鼓起掌来，说："你们的办法真好！漱口，是保护牙齿的好方法，一定要做，在保证把嘴里漱干净的同时，相信小朋友们一定会注意节约用水的。"

之后，孩子们漱口杯里的水果然保持在半杯以下，甚至还想着水不能随便倒掉，要倒在哪个盆里。

幼儿良好行为习惯的培养，口头提醒只能起到治标不治本的作用，要让幼儿有充分的体验和感受，幼儿才能有主动、自觉的行为改变。接漱口水是幼儿一日生活的一个细小环节。平时，老师更多关注的是对幼儿的健康教育，引导幼儿知道漱口对于身体健康的重要，从而使幼儿主动、认真地漱口。但这个环节往往还蕴含着其他的教育内容。水资源的保护和利用是现今每个人都非常关注的环保话题，作为老师，更有义务教育孩子，从小培养节水意识及节水习惯，抓住生活中的细节进行教育。幼儿每次漱口后倒掉的水，自己都不在意，因为他们体会不到"量"的震撼。所以，老师把剩下的水都集中在一起，以此来引发幼儿的思考，从而达到了教育幼儿的目的。除此以外，老师还可以引导幼儿在生活中开展节水小实验，比较洗手环节打香皂时水龙头开着与关着所用水量的差异，直观的结论使幼儿内心产生触动，促使幼儿自觉养成节水习惯。

幼儿良好行为习惯的养成教育中，教师更要善于观察和发现幼儿日常生活环节中的问题，并引导幼儿思考和寻求解决问题的方法，在此过程中促进幼儿的成长。

乐学合作

"嘚——驾——驾！小马小马快快跑，跑到山上吃青草。呱嗒嗒，呱嗒嗒，吃饱青草跑回家。"伴随着清脆响亮的童谣，王彦老师正带领着班上的孩子一起玩"小马跑"的游戏。

这个游戏看似简单，却需要达到两个教育目的：第一，认知游戏规则；第二，体验合作的快乐。

王老师以"马妈妈"的身份亲切地对扮演"马宝宝"的孩子们说："今天，妈妈要带你们去山上吃青草，快准备好，我们出发了！""马宝宝"高兴地跟着"马妈妈"一边说儿歌一边做准备动作：踢踢腿、弯弯腰、蹦蹦跳……

王老师看到小朋友们都跟着一起活动身体后，从身后拿出一根漂亮的跑马带："小马，小马快看看，妈妈手里拿的是什么？""小马们"边看边讨论，"跳绳！"

"是彩带！"王老师扮演的"马妈妈"告诉孩子们，"它的名字叫跑马带。"

"马妈妈"又故作神秘地说："听！跑马带告诉我一句话……"

孩子们马上被这句"神秘"的话吸引了，睁大眼睛，认真地听。

"马妈妈"说："这个跑马带告诉我，它要和会玩儿的小马做朋友，那你们可要认真听听，它是怎样玩儿的。"

看到小朋友一脸的期待，"马妈妈"接着说："这个游戏需要两个小朋友和一个跑马带一起玩儿，一个小朋友把跑马带提到胸前的位置，另一个小朋友在后面拉着跑马带跟着跑。"

因为小班幼儿的特点是认知靠行动，"马妈妈"边说边用自己的身体比画。游戏需要两个小朋友相互合作，此外还要小朋友们遵守游戏规则，以保证安全。

"马妈妈"请两个小朋友到前面，为大家做示范，并强调："两个小朋友都要抓好跑马带，准备好了才能开始游戏。游戏中，在后面的小朋友不要推挤前面的小朋友。"

集体游戏开始了，"马妈妈"带领全体"马宝宝"，边说儿歌边向前跑，当说到"回家了"时，两名幼儿停住，游戏结束。看到这里，其他小朋友已经开始按捺不住，举着手跃跃欲试。

王老师和保育员老师一起，和孩子们快乐地玩起了"小马跑"的游戏，并在游戏中鼓励幼儿尝试创编新的儿歌。大家有的唱："跑到河边去洗个澡。"有的唱："跑到操场去做个操。"……

快乐开锄

早晨的阳光是那样的灿烂，照在脸上给人一种暖意和幸福。望着远处的向日葵小农庄，六一幼儿院的陈洁老师和孩子们心里充满了按捺不住的喜悦，那里会有一场由师生共同参与的开锄节。

聪聪跑到陈洁老师身边说："陈老师，什么是开锄节？开锄节里都干什么啊？"

陈洁老师笑了笑，把手指向向日葵小农庄："看，我们就在那里举办开锄节，这个仪式预示着我们种植活动从此就开始啦！""太好了！我想赶快参加开锄节！"聪聪连蹦带跳地拍手回答。

早饭后，陈洁老师和孩子们戴着自己亲手制作的草帽，双手托着准备好的种子，大家哼着小调向向日葵小农庄出发了。

在路上，孩子们你一言我一语地谈论着各种有关种植的问题，笑容里溢满了兴奋与期待。

"我的种子朋友是香菜，你的呢？"阳阳问城城。

城城说："我的种子朋友是圆白菜，你说它们的小苗会长成什么样呢？"

"老师，我们马上就要种植了，好高兴！"走在陈老师身边的笑笑兴奋得摇着老师的手说。

向日葵小农庄可真漂亮！凉棚里到处挂满了粉色的气球，还粘贴了许多张小朋友画的种植主题画，在大牌子上还贴着孩子们创编的种植儿歌……向日葵小农庄到处都充满了浓郁的活动气氛。

成勇副院长和嘉宾老师们都来参加这个开锄节活动。陈洁老师对孩子们说："亲爱的孩子们，让我们用掌声欢迎来参加开锄节的嘉宾老师，并邀请他们给我们的开锄节发种子宝宝……"伴随着欢快的音乐和掌声，开锄节正式开始了。

在太阳还没有完全升起来时，简短的开锄节联欢在自编的"开锄节"儿歌舞蹈中结束。然后便是种植活动。"授种"环节由成老师为每组选出的两名小代表颁发四季豆、香菜、西葫芦和圆白菜种子并合影留念。

接下来，在音乐声中，孩子们在老师的带领下小心翼翼地拿着种子，拿着小工具走向农地，开始耕种了。班级里的田地分成四块，每块地上都插着一张所要种的种子照片，孩子们很容易就能找到自己播种的地。

"四季豆"需要点播，所以四季豆组的孩子们纷纷用自己的小铲子在地里挖出一排排小坑，大家还给它起了一个好听的名字叫"幸福的家"，希望小种子们能在家里快快地长大。每个"家"里，会放 3~4 粒小种子。每个孩子蹲在地里数种、播种的样子都非常认真，他们先在手心里数好数，之后再将种子放进"家"里，轻轻地埋上土，就这样，四季豆种好了！

再看看"香菜"组的小菜农们，香菜播种的方法是条播，在成老师的带领下，孩子们早已在地里挖出了几条垄，正用小手往里面撒种子呢！老师让孩子们不时地相互提醒着："注意，不要一个地方撒太多，要撒得均匀些，这样小种子才不会感到拥挤，长得才会好……"

阳光暖暖地洒在小菜园上，菜地里到处都是孩子们弯腰耕种的景象，一排排头戴小草帽的孩子们说说笑笑，抬头望去，到处都是彩色的草帽和孩子们摇摇晃晃的小身影，有趣极了。

看着孩子们久久不肯离去，陈洁老师很欣慰，给孩子们心里播下的"热爱大自然，感知生命，植物生长的奇妙"的种子正在孩子们心中发芽。

炼成品质

这一日，老师告诉中班的孩子："小班的弟弟妹妹要升班啦，他们要来咱们班做客，认识一下他们将要来的教室、桌子、椅子、床等，我们该做什么准备呢？"中班的孩子们面面相觑："怎么了，来就来吧，还要我们做什么准备吗？"老师煞有介事地说："当然啦，你们瞧瞧自己的桌子、床、柜子有没有不干净的地方啊，要是弟弟妹妹看到不整洁的地方，会不会不喜欢，会不会埋怨你们这些小哥哥、小姐姐不爱护桌椅，给他们留下这些不好的用具呢？"老师的话音刚落，中班的孩子们就叽叽喳喳地说着自己的想法，然后开始检查自己的桌椅、柜子，忙碌起来。

在孩子们热热闹闹的"劳动"中，老师边指导边用相机捕捉他们原来有种种"痕迹"的桌面、墙面、柜子面等，也捕捉了孩子们认真劳动的样子……当孩子们的"劳动"告一段落后，老师组织孩子们参观了自己的劳动成果，又请孩子们看了拍到的照片。哈！孩子们看到了自己原来做错的地方——桌面、墙面上的乱画，也看到了自己的杰作——擦干净的桌椅、墙面等。这次，孩子们都高兴地笑了，他们对老师说："弟弟妹妹什么时候来呀？"

回顾这样的情感体验，运用换位思考对中班幼儿进行的社会性培养的一个活动，不得不赞叹老师的高明之处：体验式的教育，情感的带动。中班孩子年龄在四岁半到五岁，对他们进行严肃的纪律要求、责任的培养都是不现实的，最有效的就是这样的"实际演练"，实物照片的呈现等，让幼儿通过自己的亲身体验，感受劳动的辛苦，知道尊重他人的劳动成果，养成爱惜公物的好习惯，也激发了幼儿为弟弟妹妹做好榜样的上进心。这样的活动，还可以延伸到社会中、家庭中以及五一劳动节、学雷锋日中，让社会性培养的活动通过这样的自然方式，打动幼儿、教育幼儿。

进入大班第一学期，不到两个月的时间，孩子们使用筷子吃饭的熟练程度，比中班时期又有了较大的进步。可是，孩子们吃饭的速度是快了，但筷子使得龙飞凤舞，吃饭狼吞虎咽，饭粒像天女散花般落到桌上、地上，把它们扫起来就有一小碗。孩子们在教室里走来走去，鞋底下黏糊糊的，就连走廊里都是踩碎的米饭粒，清扫十分困难。孩子们还主动出主意说："扫不干净就用铲子铲吧，用清洗剂冲洗吧……"这些主意还真有点儿意思，不过，孩子终归是孩子，他们还不能认识到问题的根本所在。

瞧瞧，以下都是孩子们的表现：

中午两道菜：红烧鱼、素炒芹菜。多香啊，可淼淼不爱吃芹菜，她悄悄地撒在桌子上，还用小勺将碗里的米饭盛给旁边的小朋友，一个不情愿地拒绝，一个生硬地倒，结果直接倒在了桌子上。

漂亮的文文说话细声细气的很文静，一看就是个招人疼爱的小女孩，可就是吃饭令人着急。一看到不喜欢吃的饭菜，就悄悄地用小勺将其扔在桌子下面，还用脚踩住，不让老师发现。

辰辰是个白白胖胖的男孩子，只要饭菜盛好，就立刻狼吞虎咽地吃个精光。他吃饱了，桌子上、地面上也"吃饱了"。

活泼的小雨一到吃饭就像换了个人似的，嘴里含着饭，东张西望。满满的一勺米饭，进到嘴里的只有少一半，其他的都掉在了地上和衣服上……

听故事是孩子们最需要、最喜欢的活动。培养孩子们养成吃饭不掉饭粒的良好生活习惯，张老师也从讲故事开始。又到了要吃中午饭的时候，张老师绘声绘色地给孩子们讲起了"漏嘴巴的大公鸡"的故事。孩子们越听越安静，故事讲完了，文文说："老师，我们可不想当漏嘴巴。"小朋友们都赞成这个说法。

张老师说："那今天中午吃完饭，我们一起来看看谁的小嘴长得最漂亮吧！"孩子们使劲地点着头。这次中午饭真的没用张老师提醒，孩子们一边吃一边检查，吃完了还不放心，弯下腰又检查了一遍，终于放心地离开。

今天孩子们的表现让老师吃惊。他们通过生动、有趣的故事情节，懂得了吃饭要专心，要保持桌面干净不掉饭粒，不做漏嘴巴的大公鸡。老师不仅利用这个故事，还在日常生活中时刻提醒孩子们不做"漏嘴巴的大公鸡"，又在每桌上添置一个公用的碗，让孩子们把掉落在桌上的饭菜捡起来，装进碗里，看看一顿饭浪费了多少粮食。一段时间过去，空碗真的变成了"空碗"，因为孩子们基本不会再有饭菜掉到"空碗"里去了。

为了鼓励孩子们继续努力，张老师用彩色纸折了一个漂亮的花篮，放在每组的桌子上，告诉他们："吃饭干净、不掉饭粒的孩子，你的名字就会出现在小花篮上，成为文明进餐小明星"。张老师还和孩子们一起制定评选标准，因为是自己定的标准，孩子们主动参与，非常努力。再吃饭时，他们更注意用小手扶着碗，勺子不来回挥舞，身体也靠近桌子，饭后也能主动检查一下桌子上、地上是否干净了。

评选文明进餐小明星的活动开展了一段时间后，老师发现，漂亮的花篮里总是只有一少部分孩子的名字，而更多的孩子进不了花篮。为了不让这些孩子失去信心，鼓励他们加油，老师又同他们一起商量："看哪组小朋友都能进到漂亮的花篮，那他们就是最棒的。"于是，大家都赞成评选"文明小餐桌"的活动。孩子们立刻行动起来。他们请老师用列表的形式，将每组小朋友的名字制成图表，并将此表张贴在墙上。如果哪位小朋友今天吃饭时没有掉饭粒，没有将饭菜掉在身上，他（她）就可以给自己贴一面小红旗。孩子们自己观察，每天晚上评比，看谁得的红旗多，看哪组的小朋友率先成为最多的红旗得主，那他们就是今天的"最佳餐桌"小组，还能将制作精美的花篮摆放在桌子上。

在这样的评选过程中，在这个目标的激励下，张老师在一旁仔细观察，听到了这样的对话："辰辰，赶快把桌子上的饭粒捡起来！""明明，你身上有菜叶。""宝宝，你快点吃呀！"这都是小组内的孩子们在相互提醒……

就这样，得到红旗的孩子越来越多，一张张小餐桌上都摆上了漂亮的花篮。经过一段时间的观察、培养，孩子们在进餐时的习惯有了很大的改善。习惯的养成需要教师从细节入手，持之以恒，用儿童化的、富有感染力的语言将要求落实为孩子们的行为。

相处规则体验启蒙

与人相处，是现代社会人最重要的品质和能力。幼儿在与他人的交往过程中，他们的个性、社会性才会逐渐发展起来。随着年龄的增长，小伙伴之间的交往逐渐增多，他们在和同伴的游戏中获得社会交往的知识，锻炼社会交往的技能，学习遵守交往的规则。这也是六一幼儿院非常重视幼儿交往习惯和能力培养的原因。

六一幼儿院积极为幼儿创设交往的机会和空间，鼓励幼儿与不同的人交往，不仅在一日生活中给予孩子在班级内自由交往的空间，而且开始打破班级界限，从封闭走向开放。

在"故事嘉年华活动"中，幼儿可以到同年龄班讲述故事，在不熟悉的老师和小朋友面前展示自己。在一次又一次的讲述中，孩子们从小声到声音洪亮、动听，从紧张到自然，获得了表达的自信心，并且喜欢上了这种交流方式。

运动会上孩子们热火朝天，大班小朋友为中班、小班弟弟妹妹加油，做一些简单服务工作，而中班、小班小朋友则为大班哥哥姐姐鼓劲儿，向哥哥姐姐学习勇于克服困难、坚持不懈、团结合作的精神。在丰富的活动中，幼儿变得更加活泼、自信，乐于表达、表现，积极与周围的人交流。

相处和平桌

世界上没有两片相同的树叶，也没有两个完全相同的孩子。家庭背景，生活环境的差异造就了个性不同、脾气不同、性情迥异的孩子。他们在一起生活，一起学习，难免会发生一些吵闹的事。

"老师，乐乐接水的时候不排队，我提醒他，可是他打我。"

"老师，我们几个玩得好好的，可是静静总是捣乱。"

近期班上总有小朋友告状，当听到孩子告状后，教师经常会问清缘由，帮助孩子解决，并组织全班孩子进行教育，但争吵的现象却越来越多。这引起了老师的思考：我们是否用心聆听了孩子的争吵？怎样才能更好地解决孩子的争吵问题？作为老师是马上阻止争吵还是倾听后再解决呢？如何解决会帮助他们更好地交往呢？通过学习《幼儿园教育指导纲要（试行）》，老师知道要引导幼儿学会控制自己的情绪和行为，初步学会解决和同伴的矛盾。于是，老师尝试了以下一些方法。

首先，可以给孩子创造一个解决问题的空间——和平桌，为孩子解决同伴争执提供场所。"和平桌"要尽量布置得温馨，如可以采用暖色调，在桌子上放个花瓶，插上几朵鲜花，创造一个安静温馨、适于解决问题的环境，并将两把椅子摆成45度，这是"谈判"最好的角度。参与解决问题的幼儿要从1数到10，这有利于他们冷静急躁的心情。

接着，老师要变换自己的角色，不要急于干扰，而是要进行有效地倾听。

让孩子们讲述事情的经过，引导孩子说话要慢，然后进行适时的引导，引导孩子们说说对方的优点，说说自己的不足，转移孩子激愤的情绪。当孩子们冷静下来后，老师可以引导孩子想一想，还可以通过哪些方式解决今天的问题。让孩子们自己找到解决问题的方法，他们的问题也就迎刃而解了。

还可以创设"心情角"。别看只是几岁的孩子，他们是一个独立的个体，也有喜怒哀乐。老师可以为孩子提供表达、发泄的空间（如在墙面翻心情脸），有助于老师了解每个孩子的心理情况，而且进行及时而有效的随机教育。

有的老师还在班里的一个角落创设了"悄悄话屋"，放个小录音机随时播放轻柔的音乐，为孩子提供私密空间，增进孩子间的交流。老师可以由此发现孩子尤其是内向孩子的真实想法，并给予适当的引导。

伟大的教育家、思想家和诗人泰戈尔说："我愿我能在我孩子的自己的世界的中心，占一角清净地。"六一幼儿院的教师认为，为人师者，由于职业的需要，常常要反思自己的教学活动和教育行为。对于朝夕相处的孩子，老师们应该认识到：了解孩子、尊重孩子是教育的基础和前提。每一天生活中的小事，都是孩子们日后的大事。老师要时时聆听孩子的话语，并尝试着让他们自己去解决问题。

说让人开心的话

瑶瑶手中的小风扇因为电路拼插的问题，怎么也转不起来。在一旁的想想对于风扇的操作已经驾轻就熟，他看到瑶瑶被小风扇难住不知道怎么办，有点小得意地走到瑶瑶身边笑着说："连这个都不会呀，我的小电扇昨天就转起来啦，你可真……"

他的话还没说完，瑶瑶已经红了脸，这句还没说完的话让瑶瑶听了很难过。在一边的依依同学给俩人解了围："瑶瑶，这个电扇的实验我和想想昨天做出来了，我们来帮你吧。"

瑶瑶对刚才想想的态度很不满意，却没有拒绝依依，于是依依看了看瑶瑶的风扇，说："鳄鱼夹夹反了，你换过来试试。"瑶瑶换了鳄鱼夹的位置，小电扇一下子转了起来，瑶瑶、依依和想想都很高兴。

进入大班，幼儿间交往的愿望越来越强烈。最近一段时间李硕老师就发现，班上的一些小朋友在和同伴游戏交往过程中会说一些"伤人"的话，让

人听了很不舒服，还引起了班级中一些小朋友的模仿。因此，李老师决定开展一次"说一些令人开心的话"主题讨论活动。

活动一开始，李老师直接抛出问题："你喜欢你的朋友对你说什么样的话？"

冬冬说："我希望当我伤心时，朋友能说安慰我的话。"

悦悦说："我想听让我高兴的话。"

萌萌说："在我遇到困难的时候，我想听到能帮助我的话。"

思思说："我想我的朋友给我讲笑话，说好玩的话。"

……

李老师说："看来大家都想听令我们开心的话呀，说什么话能让朋友感到开心呢？"

李老师打开了记录纸，上面画着简单的图示："让我们一起来说说看吧。"孩子们和李老师一起逐图仔细看起来。

"第一幅图，朋友在跑步锻炼的时候摔倒了，我们说些什么话能令朋友开心呢？"李老师边解释边问。

佳佳着急地说："要是我的朋友摔倒了，我得快点把她扶起来，问问她哪儿疼呀，我帮你揉揉。"

嘟嘟说："我会说，你跑步的时候小心点，注意脚下。"

李老师把孩子们的话用小符号和图标的方式记录在第一幅图下面。

李老师出示第二幅图：如果你的朋友折纸的时候遇到困难折不出来怎么办？

萌萌说："我说，你别着急，我来帮助你。"

瑶瑶说："你再看看老师是怎么折的，把方法学会多练几次就会啦。"

和刚才一样，李老师细心地记录着每个孩子的发言，依次把下面几幅图中大家"令人开心的话"都记录下来了。

讨论活动结束后，李老师将孩子们的"令人开心的话"进行分类归总，用图文并茂的形式制作了一张海报，名字就叫"说一些令人开心的话"，贴在了班级醒目的位置。

海报的作用还真大，接下来的一段时间里，小朋友们都能相互提醒，和班上的朋友多说"令人开心的话"，班级中正面交往的语言越来越多，孩子们

在平等、和谐的环境中学习交往技能，体味与同伴交往带来的美好感受。

在玩"老鹰捉小鸡"时，因为排队，欣欣和辉辉产生了矛盾，吵了起来。翔翔立刻说："不说伤害别人的话，说一些令人开心的话就没事了。"

其他孩子们也纷纷说："对啊，说一些令人开心的话就行了。"欣欣红着脸说："对不起。"辉辉赶紧拉着他的手说："你站我前面吧。"

周一的早上，孩子们在热烈地讨论着双休日的收获，非非说："星期六，我和妈妈去爬香山了……"话还没说完，含含说："我也去过，高着呢。""我也去过。""我也去过。"教室里立刻喧闹起来。子墨站起来说："每次一个人说话，要不就听不清楚了。"

周一来幼儿园签到时，凯凯小朋友在"来园心情"一栏画上了哭脸，老师问他："你有什么想法，能告诉我吗？"凯凯说："不想说的时候可以不说，我现在不想说，一会儿再告诉你。"玩了一会儿，他跑过来对老师说："我心情好多了，现在告诉你为什么吧。"

每每听到、看到这些，老师们都非常高兴，因为"碰撞"产生的心理障碍已经被孩子们自己圆满地解决掉了，孩子们的表现让老师的担心荡然无存。

理解有序守规则

在日常生活和游戏中，孩子们都已经有了一定的规则认知，也会说一些"谦让、轮流、要有秩序"的词语，但在实际的游戏中还会经常出现一些争抢、不遵守规则的现象。

六一幼儿院设计了一个名为"装豆子"的情境活动，引导幼儿在游戏和体验中去感知，从而提高他们对一些社会行为规则的理解和认识。装豆子有三个特定情境，一种是装散乱豆子的情境，即一把抓；还有一种是有序装豆子的情境，即一粒粒装；第三种是在有序的基础上更加快捷的装豆子方法。

不仅是装豆子，老师还引导孩子们将游戏经验进行有效迁移，出示教师发现的有关社会上的关于"有序"的图片，请幼儿判断和解决，进一步理解"秩序"在生活中的重要性，同时认识到要提醒幼儿园的弟弟妹妹们做到保证安全。

在六一幼儿院的一些课程里也会出现"活动守则"。有时候老师们还会把"活动守则"带进生活中和游戏中，老师对于"活动守则"的作用给予充分肯定，它帮助孩子们学会了良好的、文明的行为，学会了如何处理交往上的问题，学会了如何更好地控制自己。

朱金岭老师在反观之前对孩子们在规则上的教育，对制定"活动守则"有了更重大的突破。她认为，与孩子们建立"活动规则"要体现幼儿参与，规则表述要突出简洁明了，规则内容要强调指向行为。因为这样才能在最大程度上获得孩子们的认可。而规则的学习，由情感到认知，再到行为，需要反复进行"温故而知新"。

放松心情去面试

又是一年春来到，又是一批孩子将要毕业，进入小学，踏入他们人生的一个全新的旅程。在满心欢喜和开心的同时，孩子们又面临着一个非常大的"考验"——面试。这是他们人生第一次自己面临陌生的环境、陌生的人，独立去思考、回应大人们的提问，非常有挑战。同时，这也是父母们最不放心的地方。于是，一遍又一遍的练习，一次又一次地往返于各个学校的考场，一句又一句的叮咛……考前的准备多多少少都使得家长们感到"心力交瘁"。但是，这样做对孩子们有帮助吗？有多少帮助？孩子们到底是怎么想的？他们真正需要什么样的帮助和引导呢？

《幼儿园教育指导纲要（试行）》中指出："以关怀、接纳、尊重的态度与幼儿交往。耐心倾听，努力理解幼儿的想法与感受，支持鼓励他们大胆探索与表达。"带着这样的思考，老师首先和孩子们进行了谈话活动：要进行小学面试了，你的心情是怎么样的？为什么？孩子们七嘴八舌地打开了"话匣子"。大可说："挺高兴的，因为我要上小学了，长大了。"轩轩说："我也是，很开心。"子宣说："我有点儿紧张，没参加过，不知道什么样，老师厉害吗？"文文说："我又紧张又高兴。"老师问："为什么会有这样的心情呢？"她说："因为长大了，能上小学了，可是之前没面试过，所以紧张。"莹莹坐在那里，一直没说话，老师走到她跟前问道："莹莹，要参加面试了，你是什么样的心情呀？""嗯……我害怕。""为什么呢？""我怕考不好。"

谁说"少年不识愁滋味"，其实这是由于老师并没有真正地去了解孩子的内心，没有耐心地倾听他们的想法，没有真诚地去走进他们的内心。通过和孩子们的交流，老师发现孩子们的心情是多种多样的，老师把他们的心情和原因进行了整理，主要有以下几个方面：一是"高兴、开心的"，主要原因是因为要上学了，长大了；二是"紧张的"，主要原因是没经历过面试，不知道是什么样的；三是"害怕的"，主要原因是害怕考不好；四是"又高兴，又紧张的"，主要原因是既因为要上学了而高兴，又不知道怎么办，有些紧张。这样一看，孩子们的心情还真是挺复杂的。而且，通过分析，老师还发现，不同的心情和孩子们的个性有很大的关系。例如，"害怕的"孩子平时就是比较内向的，特别看重他人的评价；"又高兴又紧张的"孩子是那些对什么事情都想得很多，喜欢琢磨的。

在了解了孩子们真正的想法后，为了帮助他们放松心态，缓解心理压力，能轻松地去面对"考验"，老师和孩子们又一起讨论出一些适宜的解决方法。例如，对自己说"我一定没问题，我能行！"；双手从上往下压，深呼吸；听听自己最喜欢的故事、笑话、音乐；穿上自己最喜欢的衣服；有礼貌地与人打招呼等。在这里，有一个方法，得到了全班小朋友的一致认同，就是成人对他们的肯定与抚慰，尤其是父母的。例如，冲他们伸伸大拇指，一个微笑、一个拥抱，摸摸头，一句"没问题，去吧"，这些都会让孩子们感受到温馨与鼓励，让他们充满信心，勇敢地面对一切困难。

除此以外，老师在班上开展的"模拟表演"也使孩子们在轻松的气氛下得到了锻炼：请欣欣小朋友自己到前面给全班小朋友表演一个节目；请浩浩给大家做一个自我介绍，说说"最喜欢做的事情"；请晶晶教大家一首唐诗；请小朋友们到其他班去交一个新朋友，并介绍给大家认识……这些丰富的活动很好地锻炼了孩子们的各项能力，增强了他们的自信心，为他们迎接挑战奠定了基础。

"面试"是进入小学前的一个环节，是对孩子们的一次考验，更是他们即将进入一个新阶段的开始，作为老师和家长，要做好准备，放松心态，"轻松去面试"，和孩子们一起去迎接未来五彩斑斓的生活。

齐心协力向前走

开学一段时间了，李硕老师发现自幼儿升入大班以来，他们的竞争意识越来越强烈，个个都争强好胜，获得了成功都说是自己的本领大，出现了问题全部推到别人身上，两个小朋友出现冲突谁都不肯退让，做事情总是自顾自，很少接纳他人的意见。

针对这些现象，李老师苦思解决的对策。现在每个家庭对孩子都是关爱有加，孩子很容易以自我为中心，在与同伴交往过程中很少能为对方考虑。而在如今这个高速发展的社会中，越来越多的工作要求人们通过团队的合作来完成，个人的力量将显得弱小。在这种时候，合作能力将比其他的专业技能显得更重要。幼儿将来要在社会上立足并充分发挥自己的力量，就必须学会与他人合作，将自己融入集体中，用集体的力量和智慧去解决问题和战胜困难。幼儿时期是培养团队合作能力的最佳时期，很有必要对他们进行分工、交往与合作等方面的培养，为其一生的发展打下坚实的基础。

游戏是幼儿喜闻乐见的活动形式，在游戏活动中培养幼儿的合作能力有着事半功倍的效果。美国著名心理学家帕顿自 1932 年首先从合作程度探讨了儿童游戏的发展，她根据儿童在活动中的社会意识和社会参与程度，把游戏行为分为六种水平：无所用心的行为、独自游戏、旁观行为、平行游戏、联合游戏、协同游戏。根据帕顿的研究，四五岁时联合游戏和协同游戏占主导地位，由此可以看出，游戏对于培养四五岁儿童的合作能力会起到重要的作用。

　　这一天户外游戏时间，李老师搬来了许多长条的木板，孩子们纷纷围上来好奇地问："李老师这是什么？我们今天玩什么游戏？"李老师神秘地说："这是一双大鞋，这双鞋和我们平时穿的鞋不一样，它需要两个小朋友一起穿上向前走,你们想不想试试？"大班的孩子特别喜欢这种有挑战性的活动，自己找来好朋友，准备穿上鞋走几圈。李老师接着提出更高的挑战："咱们分分组吧，看看哪组小朋友最先到达终点好不好？"孩子们一听是竞赛游戏一个个更加跃跃欲试，李老师知道这样才能让孩子们更好地体验同伴合作的重要性。

　　"预备，开始！"随着李老师一声令下，四组孩子一同向终点发起进攻。由于穿一双大鞋的两个孩子之间没有任何的商量和讨论，响响和铭铭在迈出第一步的时候就出现了问题。响响先出右脚，而铭铭迈的是左脚，响响由于向前抬脚的力气用得过猛，又没迈出去，身体向前来了个趔趄，幸亏双手及时撑地才没有摔倒。随即响响大声地向后面的铭铭抱怨："你怎么不走呀？差点把我摔了！"铭铭一脸的茫然，怯怯地说："我走了呀，你根本没动。"其他几组的情况差不多，孩子们都非常着急。这时，第二组的豫豫和昕好似乎找到了窍门，她们俩小声地喊着"一二一"，与此同时两个人同时迈一只脚，果然，她们两个获得了第一名。其他几个组跟跟跄跄地也陆续到达终点。

　　李老师和孩子们围坐在一起，请大家说说刚刚玩游戏的感受。乐乐说："我和冬冬总是不能同时迈同一只脚，所以我们俩老摔倒。"奇奇说："我在后面走总是不能保持平衡。"看来孩子们通过实践，确实发现了一些问题。李老师引导豫豫说："能不能向大家介绍一下你们组的方法？"豫豫大方地说："开始我们也走不好，我想向前走的时候昕好不走，后来我们就想出一个好主意，我说'一'的时候我们一起迈左腿，我说'二'的时候我们再迈右腿，这样就快了很多。"李老师接着豫豫的话说："你看她们两个多会商量呀，两个人一起商量出了一起向前走的好方法，努力一起合作完成，你们行吗？"

　　孩子们两个人一组开始互相商量用什么样的方法能走得又稳又好。接下来李老师把大家想的好主意都画在了记录纸上。冬冬说："后面的小朋友要把手搭在前面小朋友的肩膀上，这样两个人就像一个人似的。"瑶瑶说："我们商量好了口号，就是'左右，左右'。"小鱼儿说："我们觉得两只脚不能抬得太高也不能离开太远。"经过讨论和商量，孩子们找到了很多好方法。

为了让孩子们能够感受到相互协商、合作游戏的重要性，又开始了第二次穿大鞋竞赛活动。这一次，每个组的孩子都用上了刚刚讨论出的好办法，没有摔跤、没有埋怨、没有指责同伴。

在小结活动中，李老师告诉了小朋友一个秘密："孩子们，你们知道第一次穿大鞋走过去用了多长时间吗？——七分钟！"孩子们不好意思地笑了，李老师接着说："可是你们第二次完成同样的路程只用了两分半！"李老师的话音刚落，孩子们都欢呼起来，他们为自己的进步感到兴奋和快乐，主动地交流起自己刚刚用过的好方法，还有的小朋友和自己的搭档拥抱、击掌庆祝胜利。

活动的最后，李硕老师为孩子们播放了风靡全球的小学生"30人31足"的比赛视频，视频中30个小哥哥姐姐，脚挨脚、肩并肩，所有人要用相同的步伐跑起来，在训练的过程中他们经历了无数次的跌倒，有伤痛也有泪水，可是他们没有放弃，不断地总结经验商量解决办法，终于一起冲过终点获得了胜利。孩子们被视频中的哥哥姐姐深深地感动，许多小朋友的眼中噙满了泪水。李老师鼓励小朋友，在以后的生活、学习中我们可能还会遇到各种各样的困难和问题，只要小朋友团结合作，懂得互相商量，就一定有许多解决问题的好办法。

接下来的一段时间里，李老师又和孩子们一起玩了许多他们既喜欢又需要合作才能完成的游戏，如传球、赛龙舟、抬花轿、搬运工、彩虹伞等，孩子们合作协商的能力明显提高。

培养幼儿的合作能力，就是培养幼儿能主动配合、分工合作、协商解决问题、协调关系，引导幼儿掌握简单的合作技能。教师要努力为幼儿营造一种团结、友爱、互助、合作的群体氛围，帮助幼儿增强社会适应能力，为他们今后的成长和发展奠定良好的基础，让孩子受益终生。

共建公共阅读区

幼儿园里每个班都有小小的阅读区，这里是培养孩子养成良好阅读习惯的活动区域。中班的孩子在欣赏完故事"龟兔赛跑"后，老师把龟兔赛跑的故事书和手偶投放在阅读区，想引导孩子在活动区中继续阅读和讲述，但是

孩子们出现了两种比较极端的现象：一是有的幼儿对此活动兴趣不高，很少参与；二是有的孩子在欣赏和讲述中经常为使用材料而发生争执。于是，老师对此做了深入分析，发现主要原因在于：孩子没有参与到活动区的创设中，其主体性体现不够；活动内容的选择和安排不符合孩子的兴趣和关注点，应该了解和顺应幼儿的需要；环境、材料物化目标不够充分，创设规则体现目标不够到位。

于是，老师和孩子们一起进行了讨论和协商，共同布置了新的阅读区：设计制作并粘贴了大型图片在阅读区墙面上，使活动目标更为明显和突出；增加了录音机和"龟兔赛跑""三只蝴蝶"等故事的录音带，进一步物化了活动目标，满足了不同能力水平孩子的需要。孩子们开始了他们所喜爱的边看边听的快乐阅读过程。

可是好景不长，两周之后，孩子之间又产生了冲突。原来，孩子们已经不满足于看和听了，有的边听边说边表演，也有的对这一内容失去了兴趣就去看别的书了，可是在看书时，他们觉得听录音或表演的孩子太吵了，所以就产生了冲突。怎样解决这件事情呢？老师把问题又抛给了孩子们。有的说："想听故事的小朋友把录音机调小点儿声。"有的说："一天听故事，一天不听。"也有的说："用耳机听吧，我爸爸晚上怕吵我睡觉，听歌时就用耳机。"经过讨论，最后大家一致同意采用戴耳机的方法。于是，老师找来耳机添加到图书区。为了满足所有孩子都能够独立使用录音机的愿望，大家又一起讨论并制定了听录音故事的规则。孩子们戴着耳机听故事就不会影响其他小朋友的活动了。听故事规则的建立尊重了孩子们的兴趣差异，也再一次激发了孩子们听、读故事新一轮的兴趣。

孩子们很快又产生了新的问题：每次只能有一个小朋友听，这个小朋友听完，等待的小朋友就会因为不知轮到谁了而争抢起来。不过，有了前两次的经验他们开始主动寻找解决这一问题的办法。结合他们的生活经验，孩子们自己想出了用买

票的形式轮流排号听故事的方法。想听故事的小朋友按入区的时间顺序拿一张带号的故事票，就可以在阅读区里先参加看书或讲故事等其他活动，边活动边等着听故事……

/四/ 师有道促养成

在幼教观念转变的实践过程中，六一幼儿院从儿童与教师两方面均收获了成长。对幼儿来讲，他们在行为习惯的习得过程中与过去相比变得更加快乐、主动和积极，而教师实施教育培养的过程也变得更加适宜。在转变中，师生之间还形成了较为融洽和谐的信任和依恋关系。

随着不断地学习和思考，六一幼儿院的教师们关注幼儿心理健康的意识越来越强，越来越多的教师站在幼儿的立场来思考他们的感受、经验和学习过程，这种关注已不仅仅局限在对幼儿生活习惯培养的过程中，而是不断深化拓展到幼儿游戏、学习等各项活动中，并在关注幼儿心理健康的实践中提出了"三个关注"的理念，对表达、选择和交往进行重点培育。

表达情感调节情绪

为了让幼儿在表达自我情感的同时体验不同情感、调整自身心理状态。

六一幼儿院要求教师们对幼儿情绪情感表达的意识加强关注。每周一，在来园签到记录本上，除了记录姓名、来园时间、名次顺序，还有自己的心情——愉快、不舒服、难过等。教师们便可以细致了解，有针对性地帮助幼儿进行心理调节，使幼儿在幼儿园保持健康愉快的状况。

描绘想法

"婷婷，又有你的信啦！"冉冉悄悄地贴着婷婷耳边说。婷婷走到"宝宝信箱"跟前，果然那里有一张粉红色的信纸，婷婷小心地拿下来，还没打开就看到信笺上画了一颗红红的爱心，婷婷一看就知道这是好朋友玉玉写给她的信，玉玉写了什么呢？

婷婷赶快打开信纸。信开头写称呼的地方又是一颗桃心，接着是婷婷的名字，代表"亲爱的婷婷"。婷婷认真地"读"信，体会着好朋友每一个图画符号的用意。一小会儿后，婷婷也取来一张粉红色的信纸，她要给玉玉回信了。这就是最近风靡大一班的"宝宝信箱"活动，孩子们在听了《寄给蛤蟆的信》这个故事后，坚持要建立自己的信箱，要用图文的形式给自己的朋友写信，同时还给李硕老师也建立了信箱，有什么想法可以画下来，把信寄给自己想要送的人。

大班第二学期，孩子们逐渐学会了像李老师那样，用简单的符号记录想法的好方法。开始，他们会在自己的记事本上尝试，后来李老师会在一些活动中鼓励孩子们使用符号图画进行记录。

李老师知道，孩子的表达方式有千万种，有的孩子喜欢用语言表达，这些小朋友的词汇丰富且用词准确；有的孩子喜欢用行动表达，他们喜欢你就会和你紧紧拥抱，可能什么也不说；有的孩子喜欢唱歌、跳舞，那是他们表达想法的途径；也有些孩子喜欢画画，不想说的、不愿说的、不好意思说的，都可以用图画符号表达出来，就像我们成人写日记一样，有些话写出来也是一种表达。因此，在培养孩子学习习惯的过程里，试着把自己的想法画出来也成了六一幼儿院的一项培养内容。

李老师除了在教学活动中大量使用孩子能够看懂的简单图示作为示范，还借助《寄给蛤蟆的信》这个绘本，绘本故事讲的是青蛙通过写信的方式向好朋友蛤蟆表达了友爱之情，与大班末期的孩子们面临即将分开升入小学所要表达的友爱情感相暗合。

于是，六一幼儿院大一班设立了"宝宝信箱"。孩子们不仅利用"宝宝信箱"互相倾诉感情，还有相约一起周末玩耍的，给某个小朋友提建议的。当然，李老师的信箱里也会常常收到一些信件，不过今天的这一封有点不同寻常。

这封信是李老师在整理"宝宝信箱"时发现的，因为这封信被叠得很小，塞在李老师信箱的角落里，似乎是有话想对老师说又有点不想说。李老师轻轻地展开信纸，上面用黑色的笔画着一个男人和一个女人在吵架，而纸的最下面，有个小女孩流了满脸的泪水。没有署名，但是通过画纸上小女孩头顶的蝴蝶结，李老师猜中了这是宁宁画的。

宁宁是个不爱说话的小姑娘，做什么事都悄悄地，甚至使人感受不到她的存在。不知什么时候宁宁画了这封信，她是有话想对老师说又不敢说吗？这几天，李老师有意识地观察宁宁，她总是一副闷闷不乐的样子。妈妈来接宁宁了，李老师从侧面了解了一些情况。果然，宁宁的爸爸妈妈因为家里的一些事情最近总是争吵，自认为回避了孩子，没承想让细心的宁宁发现了。

妈妈真没想到自己的行为严重影响了宁宁，感谢老师的及时发现。事情解决了，李老师也给宁宁写了一封回信，信纸上画了亲密的一家三口被幸福的桃心包围着，中间的那个小女孩头顶上有一个漂亮的红色蝴蝶结，宁宁看到信后脸上绽放了开心的笑容。

日记心情

晚上一吃完饭，孩子们进行完必要的生活活动以后，就拿来了自己的画笔，取一张纸，开始了每天他们都要做的而且是他们最喜欢的一件事——画日记。

六一幼儿院每天都有丰富的晚间活动时间，活动的主要内容每个年龄段的孩子不尽相同，分别由孩子们谈一谈自己一天中最高兴的事情或令自己不开心的事情；性格内向的孩子还可以单独与老师、要好的同伴进行交谈；大班孩子则可以通过画日记的方式将自己的特殊感受表达出来；在区域活动时，

老师可以引导孩子到表演区唱歌、敲打乐器来表达自己的情绪；也可以带孩子到户外参加体育活动等。

这些活动让孩子们有了很真实的、正常的表达心理感受的机会，老师一方面接纳孩子的自我认识，一方面帮助孩子分析情绪原因，让孩子学习调节情绪的方法，孩子们焦虑的心情就能够得到及时的舒缓和排解。

画完的孩子们有的交流自己的日记内容，有的给老师讲述着他（她）的日记……朱金岭老师很愿意带领孩子们开展这样的活动。"孩子们在活动过程中思索着、画着，有模有样的可爱极了。"说起让她印象深刻的日记心情，她如数家珍。

"今天，我在活动区学会了用纸杯做小兔。"荣荣在日记上画了一个纸杯小兔。

"今天，我下棋赢了朱老师。"好淳在日记上记录下他的胜利。

"今天，我们参观了小学校，我特别高兴。"嘉成在日记上画了一座他最喜欢的小学。

"今天，我们做事不抓紧时间，升国旗迟到了，挨批评了。"宁宁在日记上记录下一个哭泣的小女孩。

"今天，彤彤选我做值日生小组长，我真高兴，我一定好好干。"特别淘气的小仲在日记上记录了他的努力与决心。

……

六一幼儿院的老师们都认为通过日记，可以使孩子们从中得到快乐，简短的日记也让孩子们对体验进行了表达。

六一幼儿院进行的"画日记"活动，最初的目标是让家长通过看孩子们的日记，听孩子们讲日记，从而更全面地了解孩子们在幼儿园一周的生活，培养孩子们的记录、表达自己想法的能力。

随着活动的深入和坚持，老师们发现，"画""写"日记使孩子们养成了一种对生活整理、回忆、反思的好习惯。

孩子们的日记越来越个性化，开始有了"高兴的事""学会了本领""认为做得不对的事"等丰富多彩的内容。

五彩斑斓的日记描绘了孩子们多姿多彩的生活，指引了孩子们今后努力的方向，记录了孩子们成长的脚印，盛满了老师的爱心、家长们的关心。

签到表情

周一的早晨，六一幼儿院迎来了孩子们的欢声笑语。

满满早早地来到大一班，一进门，高声问候："老师早！"之后，进到班里转一圈立刻就眉开眼笑了，只听他对送他来的爸爸说："耶耶耶！我第一个！第一个！老师，快让我签到……"

满满爸爸高兴地附和着儿子："儿子真棒！儿子再见！"

和爸爸再见后，满满赶紧在班门口的小桌上开始认真地签到。满满是大班的孩子，写的名字虽然还是很稚拙，但笔顺正确，纸面也很干净。

六一幼儿院的签到表上有孩子来园时间的记录、顺序的记录。此外，这个经过精心设计的签到表，还留有地方给孩子们画来到幼儿园的心情。

现在已是满满上大班的第三个月了，老师给孩子们准备的签到表的格子已经由刚开学时的宽格子逐渐变成窄格子了，因为孩子们现在写名字已经比较熟练了，格子变窄，增加了写名字的难度。

这让孩子们完成签到任务比大班之初更具备了挑战性，也让孩子们成长的手部小肌肉群发育形成主动和被动的训练，使孩子们的手及手臂更成熟、更灵活，激发了孩子对于书写文字的兴趣和能力，同时增强了对于时间认识和记录的能力。

会意情境

六一幼儿院有一幅画，里面"住着"很多小动物。老师们想用这幅画里可爱的形象和美丽的图画讲述花园小动物们生活的精彩故事，这些故事都是孩子们在成长过程中遇到的各种各样的问题。故事还告诉孩子如何克服困难，教会孩子如何养成良好的习惯，并使孩子从小就懂得如何能够成为一个优秀的人，包括团结协作很重要、学会与他人友好相处、最需要的才是最好的、一分辛苦一分收获，等等。

蔡静老师最擅长启发小班的孩子们进行这些认知。她常对着孩子们说："孩子们，你们看，这个地方多美呀！这么美丽的地方你知道是谁的家吗？"老师一边说一边指着图片上森林中的一座小房子。

孩子们七嘴八舌地说起来："是小熊的家。""是小兔的家。""是小猫的家。""小鹿的家。""哦，我们一起来看一看，这是谁的家呀？"老师打开图片上小房子的门，里面露出小白兔的形象。

孩子们看到马上就大叫起来："是小白兔的家！""是小白兔的家！"老师说："对，看小白兔来找你们玩了！"老师一边说，一边用手戴上小白兔的手偶："小朋友们好，我是小白兔，咱们握握手吧。"老师用小白兔的口吻和孩子们打着招呼，孩子们很高兴，纷纷伸出手来拉一拉小兔手偶，老师继续讲："今天我们就讲一个小白兔的故事吧！

"小白兔跟着兔妈妈搬家了，它们来到了一个新地方，这里有清清的河水，绿绿的草，遍地都是鲜花。有一天，兔妈妈看到小白兔坐在窗边悄悄地流着眼泪，妈妈问它'孩子，你怎么了？'小白兔说'妈妈，没有朋友和我一起玩，太没意思了，您还是带我回原来的家吧，我要和小猫、小狗他们在一起。'妈妈说'好孩子，你别着急，猫妈妈、狗妈妈很快也会搬来和咱们一起住在这里。'小白兔一听，高兴得又叫又跳。

过了几天，小猫、小狗、小松鼠和它们的爸爸妈妈一起都搬来了，小白兔和它的好朋友们在草地上高兴地唱呀、跳呀、笑呀，因为它们都是好朋友。"

老师用温柔的语气讲述了故事，孩子们听得十分认真，瞪着小眼睛看着小兔子。老师问："孩子们，你们说一说，小白兔搬到漂亮的新家为什么哭呀？"妮妮说："因为小白兔没有好朋友。""因为没有朋友跟它玩。"丁丁说。老师对着小兔问："小白兔，他们说得对吗？"老师操作着小兔手偶，让小兔点着头，学着小兔的口吻说："是呀，我就是因为没有朋友才觉得很孤独，越想越难过，就伤心地哭了起来。"老师问："孩子们，小猫、小狗、小松鼠搬来之后小白兔为什么又笑了呢？"涛涛说："因为有朋友跟它玩了。""因为它有好朋友了。"玲玲大声地说。

"是呀！是呀！"老师用小白兔的口吻举着小白兔手偶说，"我喜欢和朋友们在一起，在我没有朋友的时候心里难过极了，好朋友来了，我有了朋友心里可高兴了。"老师接着用小白兔的口吻说："小朋友们，你们在幼儿园有好朋友吗？"孩子们说："有！我有好朋友！"老师接着说："你的好朋友是谁？你们在一起的时候都有哪些快乐的事情？快讲给小白兔听听吧。"

米罗说："我的好朋友是阿里，我们一起搭积木。""哦——你快和阿里抱一抱吧，你们是好朋友。"格格说："小白兔，我的好朋友是琳琳，我们最喜欢到表演区跳舞。"

孩子们都争着告诉小兔子自己的好朋友，每个孩子都找到了自己的好朋友，老师用小兔子的口吻夸奖孩子们："你们真棒，都找到了自己的好朋友，幼儿园里好朋友真多，你们会越来越快乐的！"

乐于表达

一年一度的"三八"妇女节又要到了，孩子们已经升入大班。借此机会，邹颖老师想让孩子们懂得在接受他人关爱的同时也要付出自己的爱。瞧！邹颖老师正和班上的孩子讨论着："孩子们，'三八'妇女节是谁的节日？"孩子们七嘴八舌地说道："妈妈、老师、姥姥、奶奶、姑姑、小姨……"甜甜说道："是所有女人的节日！"……

看来，孩子们对于"三八"妇女节已经有了一定的了解。于是邹老师继续问孩子们："我们刚才提到的这些，都是平时关心、关爱我们的人，她们要过节了，我们应该用什么方式为她们庆祝呢？"孩子们说："我帮妈妈捶背。"还有的说："我做一张贺卡送给他们。"有的说："我也不知道……"邹颖老师继续说："我们在为别人服务之前，是不是应该先了解一下别人的需要呀？"孩子们都表示赞同。于是，孩子们当"小记者"，采访了幼儿园所有的老师和保育员阿姨：节日将如何度过？并做了相应的记录，制订了服务计划，例如，帮老师擦桌子、帮助小灶阿姨择菜、扫地等。接下来，孩子们就要用他们的实际行动为妈妈、老师等身边的女士献爱心，在学习为他人服务的同时体验为他人服务的快乐。

经过采访，孩子们大致了解了老师和保育员阿姨们的需要。邹颖老师又给孩子们提出了新的问题："在为他人服务之前，我们应该做哪些准备？服务的时候应该怎样表达？"孩子们积极表达着："我们需要准备水壶、抹布、笤帚、簸箕……""服务的时候我们可以说'老师好！''我们是大三班的小朋友。''"三八"妇女节就要到了，我们来为您服务。''祝您"三八"妇女节愉快！'……"

在这一过程中，孩子们不但知道了服务之前应该做相应的准备，而且学习了在为他人服务时应如何有礼貌地去表达。

接下来，邹颖老师和孩子们一起去为老师们及保健室、办公室、小灶的阿姨们服务，并送祝福及贺卡。同时，邹颖老师引导孩子们观察自己在为老师（阿姨）服务时她们的表情是什么样的。

活动后，邹颖老师和孩子们坐在一起分享自己在服务过程中观察到的老师和阿姨们的表情以及自己的感受。

老师："你为老师（阿姨）服务时，老师（阿姨）的表情是什么样的？对你说了什么？"

幼儿1："老师（阿姨）是笑着的表情。"

幼儿2："老师对我们说谢谢！"

老师："你的心情是怎样的？"

幼儿："我心里也特别高兴！"

老师："在这次服务中，你感受到或学习到了什么？"

幼儿："我觉得给别人带去快乐，我们也很快乐！"

在"爱心天使在行动"的活动中，邹颖老师首先引导孩子想一想，去"行动"前应该怎样表达，如"老师好，我是大三班小朋友，要过'三八'妇女节了，我们来为您服务。"通过讨论和引导，孩子在去服务时都能清楚地表达自己的来意。由于活动是分组进行的，因此，当小朋友服务回来后，每组孩子分别向大家介绍自己当时都说了些什么，怎样做的，"老师"或"阿姨"说了什么，表情是怎样的。佳佳小朋友说："我给小灶阿姨倒水，小灶阿姨说'水真甜呀！'"老师问："我们给阿姨倒的是白开水，阿姨为什么要说是甜的呢？"孩子们说："因为阿姨心里高兴，心里甜。"

通过这样的活动，孩子们不仅表达了爱心，同时也锻炼了自己如何与他人交流、如何表达自己的想法等能力，增强了自信心，更加重要的是，孩子们在向他人表达爱心的时候，自己也感受到了更大的快乐。

感怀生死

昊昊往常是个活泼好动的孩子，而最近表现出来的沉默让杨老师不解。看了昊昊妈妈的信才知个中缘由。昊昊妈妈在一封家长信中提到昊昊最为依恋的外婆前不久去世了，这件事对于年幼的昊昊来说是一件怎么也想不明白和无法接受的事情。

如何与小朋友讨论"死亡"的话题？

六一幼儿院杨意老师发现，关于这个话题，家长们一致表示愿意与孩子进行探讨，希望以此能够让孩子们初步了解到"生命"的含义。

在讨论如何面对像"死亡"这样的改变时，孩子们互相提示，并说明自己的应对办法。

小雨说："去旅行。"

蕙蕙说："可以哭一会儿，但时间不要太长。"

壮壮说："可以向信任的人倾诉，如爸爸妈妈，还有老师。"

这时，昊昊也举手了，他站起身，一改往日快言快语的表现，若有所思地说："老师，心里想，是叫怀念吧，这是妈妈说的。不过，我也会去和好朋友待一会儿，跟好朋友说说。"

怀念，是只有经历才能体验的感觉，小小年纪的昊昊在用心体验着。跟好朋友说，是他运用学过的方法缓解自己在思念亲人时内心深处无法化解的忧伤。

晚饭后，杨意老师拿出一本名叫《长大做个好爷爷》的故事书。这是一个充满爱和温暖的故事，将生命的逝去娓娓道来，给孩子们平静地讲述了有关死亡的故事。

故事是这样的：小小熊最快乐的时候，就是去看望爷爷，他们一起爬上树屋，去看"三熊山"，去看"金发姑娘的河"……可是有一天，爷爷病了，小小熊就给他讲故事。讲他们一起爬上树屋，去看"三熊山"，去看"金发姑娘的河"……爷爷听着听着睡着了，他带着小小熊给他的快乐永远地睡着了……当小熊得知爷爷再也无法醒来的时候，他和妈妈再次爬上了树屋，相互拥抱着，坐在一起，看着远处熟悉的景物，静静地哭了……

故事讲到这儿，杨老师向孩子们望去，连平时注意力最难集中的源源，表情都十分凝重。昊昊正平静地等待着故事的结尾，好像只有结尾是他最需要的，也许那里有他最想知道的结果——小熊是怎么做的。

杨老师继续讲述故事："小熊抽泣地说'等我长大了，我一定要做个好爷爷，就像爷爷那么好！''会的，小小熊，你一定会的！'妈妈说。"

故事讲完了，孩子们依然沉浸在小小熊与爷爷分离的忧伤情境中。昊昊依然在自己的座位上，好像在想着什么。杨老师轻轻拍拍昊昊的肩膀，小声对他说："昊昊，又想外婆了？老师相信你，你一定会像小小熊一样，认真做好自己的事情，等下一次去看外婆的时候，你就可以告诉外婆了，好吗？"

后来有一天，昊昊妈妈再次向杨老师反馈了昊昊对于外婆去世这件事的认识。妈妈说："前不久，一家人去给外婆扫墓，昊昊像个懂事的大孩子一样，站在外婆的墓碑前对外婆说自己得到了幼儿园许多老师的表扬，自己长大了，让外婆放心。"

死亡的话题既沉重又深奥，作为成人在面对孩子们时，既怕这个话题使孩子受到惊吓，又怕孩子将疑问闷在心里。而六一幼儿院选择了利用讲述故事绘本来引导孩子们正确面对死亡这一人生命题，他们认为通过故事，孩子们可以感受到生活的快乐与亲情的温暖。

尊重天性培养人格

六一幼儿院的一次联欢活动中，老师选择多才多艺的柯柯表演舞蹈，没想到柯柯却不情愿，直言拒绝。老师在惊诧之余认识到，自己忘了给孩子们选择的机会。于是老师与孩子们重新商量表演的节目内容，而且允许孩子们自由选择想要表演的节目。柯柯开心地选择了做主持人，并出色地完成了这项任务。幼儿在选择中得到了快乐与发展，教师也从中获益良多。

记录表的变化

在六一幼儿院指导孩子活动的老师曾经一筹莫展。在益智区、美工区等孩子比较感兴趣的活动区，孩子经常超编游戏，造成材料不足和场地拥挤；个别孩子只对某类游戏感兴趣，每天都参加同一活动，发展比较单一。

在美工区，一张可以容纳 10 个孩子的桌子旁边已经坐满了画画的孩子，细数共计 12 个人。这时，茗茗从盥洗室出来，拿了自己的笔盒，径直走向美工区，从图画纸筐里拿了一张图画纸，挤进人群，弯腰趴在桌子上画起画来。坐在她左边的晨晨被她碰到了胳膊，颜色一下子涂出了边框。晨晨不满地推了茗茗一下，看见老师就噘着嘴对老师说："都没有椅子了，茗茗还来这儿画画。"茗茗听了，从旁边挪来一把椅子，把着桌子角坐下，回头说："我坐下啦！"晨晨有些生气，歪着脖子看着茗茗……

建筑区，骏骏、君君、晗晗、文文 4 个孩子正在热火朝天地搭着房子，小益也要脱鞋进去。晗晗发现了及时制止："你不能进来啦！我们已经有 4 个人了！你再进来就太挤了！"小益很不服气："昨天就是你们在玩，我都好几天没来玩过了！"

管理老师想到了为每个活动区建立一个活动区活动记录表，其作用主要有以下几个方面：

第一，用直观的表格帮助孩子了解参加活动的人数，以便做好活动前的选择；

第二，帮助孩子调整好每天的活动内容，鼓励孩子参加各种不同区域的游戏；

第三，帮助老师了解孩子的游戏兴趣，为幼儿提供充足的游戏材料；

第四，在记录时对孩子的书写能力是一个隐性的锻炼；

第五，通过记录表，引导孩子了解简单的统计方法。

这几个目的综合起来就是想帮助孩子们促进思维发展，提供选择依据，帮助孩子们做出行为选择。可是新问题又出来了，针对这些问题，老师们对记录表又一次进行了调整。

现在的记录表变成了小房子的样式，其含义是"我们的快乐游戏之家"。记录表的功能得到拓展，变成了"我的活动计划"，让孩子们合理计划自己的活动区，以实现"引导孩子自己选择活动主题，制订活动计划，鼓励孩子克服困难、解决问题，实现自己的计划，获得成功的感受，增强自尊、自信"的培养目标。记录表变成计划表之后，从当天记录变成了提前一日计划。

经过近一个学期的使用，孩子们已经掌握了计划表的使用方法，能够在每天的晚间活动时对第二天的活动做出一个合理的计划，并在游戏中去实现自己的计划。

怎样看待竞赛

为了迎接即将到来的大班传统体育活动——跳绳比赛，操场上，各个班的孩子们都在加紧练习着，老师们也在为孩子们加油鼓劲。

这天，大二班的云云跑来对老师说："老师，甜甜说她不想参加跳绳比赛，她不想练跳绳……"老师望着远处站着不动的甜甜很纳闷：这孩子，平时跳得不是挺好吗？

老师正自言自语呢，乔乔又被越越连拉带拽地跑到老师身边，让老师给评理："老师，乔乔说他一定要得跳绳比赛的冠军，不许我超过他……"嘿！这些孩子们刚多大呀，一个跳绳比赛就能有这么多的心思啦……

户外活动结束后，孩子们回到班里喝水，准备参加教育活动。老师根据今天在户外场地上发生的事情，让孩子们画一下自己即将参加跳绳比赛的心情，因为今天孩子们对跳绳比赛所表现出来的行为正是他们思想、情绪的流露。

孩子们画完画，老师让大家说说自己画的心情。果然，甜甜画的是她自己皱眉头的样子，说："我怕比赛时着急，跳坏了怎么办，我不想参加比赛……"

乔乔画的是一个歪歪扭扭的领奖台上，站着一个小男孩，男孩儿脖子上挂了一个超大的奖牌，他说："我就是要当第一名。"

越越也是画了一个大大的奖牌说："我要当第一，不让你当……"

面对孩子们的"画作"，老师首先鼓励孩子们大胆表达，让他们把自己的真实想法都说出来，然后逐一对孩子们进行了心理疏导，让孩子们观看之前大班孩子参加跳绳比赛的照片和成人召开运动会的照片，引导孩子们领略冠军们的风采。

通过这一方法，老师使孩子们逐渐明白：跳绳比赛的目的是想让小朋友们更积极地锻炼身体和养成不怕苦、坚持不懈的优良品质，而不仅仅是技能上的比赛，大家应该以快乐、平和的心情去面对比赛。

六一幼儿院的老师们对于北京市贯彻《幼儿园教育指导纲要（试行）》实施细则中指出的教师要"注意幼儿身体和心理两方面的健康教育。全身心地爱护、理解、照顾每一位幼儿，关注幼儿在生理和心理方面的个体差异"的理解与重视，体现了六一幼儿院教师对幼儿教育的专注。

可以不当旗手

六一幼儿院的孩子升到大班阶段，增加了一项特别自豪和光荣的活动——升旗。孩子们特别喜欢参加这一活动，老师们也把这个活动当作树立孩子自信心的一个重要途径。

为了让每一个孩子都能获得发展，教师在每一次升旗之前都会和孩子们一起讨论和选择旗手。心心说："我选妞妞，她每次都做得特别好。"壮壮说："我也选妞妞，老师表扬她的时候多。"天天说："我选菲菲，她现在有进步了，做事快多了。"飞飞说："我选自己，我现在在学校时能认真听讲了。

孩子们热火朝天地讨论着，各抒己见。最后朱金岭老师公布了"升旗手"名单。朱老师说："两个升旗手就由妞妞和菲菲当了，其他8名小朋友做护旗手。"

选旗手活动结束了，孩子们陆续去喝水并准备户外活动。这时，天天跑来说："老师，妞妞哭了。""怎么回事？""不知道，没人欺负她。"正说着，有几个小朋友把哭泣的妞妞拉到朱老师面前。

朱老师把妞妞拥在怀里，轻声问她："妞妞，怎么了？"

"我不想当升旗手。"朱老师一下子愣住了。旁边的几个护旗手则纷纷争着说："我当，我当。"

看着妞妞和其他孩子的反差，朱老师有些困惑：别人都特别想获得的机会，妞妞为什么不喜欢呢？朱老师支开了围观的孩子们，问妞妞："能告诉老师原因吗？"

"我害怕升旗时跟不上音乐，旗子掉下来。""原来是这样，没关系，咱们一起多练几遍，没问题。有老师帮助你呢。再说，这是一件多光荣的事呀！别的小朋友都争着当呢。"妞妞低着头，小声说："我还是不想当。"

看着她为难的样子，朱老师想了想说："那你自己选择想做什么吧。"她抬起头说："我想当护旗手。"看着妞妞期盼的目光，朱老师同意了，妞妞开心地笑了。

第二天升旗时，妞妞在护旗手的行列中，站得直直的，特别精神。在以后的活动中，朱老师一直注意找各种机会来培养妞妞的自信心。在后来的一次升旗活动时，妞妞勇敢地自荐要当升旗手。

朱老师说："从那次妞妞不当升旗手之后，再选升旗手的除了让孩子们自己推荐升旗手，还鼓励自我推荐。同时，也请孩子们自己来选择是否想当旗手，是想当升旗手还是护旗手。"

六一幼儿院最初的升旗活动被认为是一项特殊的、光荣的、传统的活动，为了使升旗活动的"效果"更好，老师会选择一些心理素质好，现场适应能力强的孩子轮流担任升旗手，而且认识到这一活动对孩子自信心的树立也十分重要。成勇副院长说："后来六一幼儿院对于升旗活动，特别是选升旗手环节的改变，让孩子们在自主选择与主动参与的同时享受着自信、成功的快乐。"

失联该怎么办

小刚的妈妈在与六一幼儿院的家园联系册中写道："小刚周末的时候和爸爸妈妈去公园玩，结果不小心走丢了，小刚自己找到附近的公园管理员，利用广播找到了爸爸妈妈。我们十分感谢六一幼儿院的老师们对孩子们有效的日常安全教育，让孩子学会保护自己的办法，遇到特殊情况时知道用正确的方法求救。"

六一幼儿院设想了很多安全问题，并通过情境模式，用游戏的办法带领孩子们进行模拟练习。小朋友们按老师的要求，轮流模拟在超市、公园、商场、餐厅走丢的情境，老师们有时候一人分别扮演工作人员、保安、警察，并对孩子们进行应对指导。

李硕老师在引导孩子自我保护方面颇有心得。

李硕老师给小朋友播放了两段录像，一段是小朋友在超市找不到爸爸妈妈了哇哇大哭；另一段是一个小朋友找到超市收银员，在工作人员的帮助下顺利地找到家长。通过对比，孩子们了解到如果去公共场所要紧跟着家长，一旦走丢不能随意寻求帮助，要找到值得信赖的人。

"什么人是值得我们信赖的人呢？怎样区分陌生人和工作人员呢？"这个问题比较难。在李老师的引导下，孩子们认定了一些可以信赖的人：

"超市的工作人员都穿着统一的服装。"

"收银员都站在结账交钱的地方。"

"商场里有专门的收银柜台。"

"公园里游船码头收票的就是工作人员。"

"游乐场里也有卖票的小房子，那里就是工作人员，可以信赖。"

李老师继续发问："可是找到了可以信赖的人之后，如何把我们走丢了这件事讲述清楚呢？请小朋友想一想，求助的话该怎样说。"

"告诉警察叔叔我找不到爸爸妈妈了，说我自己走丢了。"

"说清楚自己刚才和谁在一起，在什么地方走丢的。"

"要告诉警察叔叔自己的名字，还有爸爸妈妈的电话。"

就这样，把这些要素分别在不同公共场所情境中模拟，让孩子们进行练习，几次下来，孩子们自我保护意识加强，求助能力得到提升。

最后，李硕老师发给每位幼儿一张小卡片，要求小朋友自己设计一张外出随身携带的个性化安全卡，帮助小朋友记住爸爸妈妈的电话或自己的家庭住址。

一定跟老师走

"20、21、22……咦！大宝怎么不见了？"包信秀老师一边摸着孩子们的头，一边数着孩子们的人数。

正在这时，年级组长赵老师拉着大宝走过来，指着包信秀老师问大宝："看看，这是你的'兔妈妈'吗？"班上的小朋友大声叫起来："老师，大宝在这里呢！"

大宝看看老师，看看小朋友，使劲点头。包信秀老师赶快拉住大宝的手，和小朋友一起回到了班上。

这是很久以前发生的事情，在孩子刚刚进入幼儿院的时候，经常会出现小朋友跑到别的队伍中去的情况。现在包信秀老师找到了一首歌曲，可以让小朋友不掉队。

为了让孩子们牢记这首适合小班孩子吟唱的歌曲《跟着妈妈走、跟着老师走》，老师们会先让孩子观察老师事先准备好的图片，并提出问题："看看图片中的小朋友在什么地方走？""这些小朋友们还可以在哪些地方走？""在他们身边的人是谁？"孩子边看图片边回答问题。这样，小班孩子很容易理解歌曲的内容。

接下来，包信秀老师告诉孩子图片中的小朋友就是他们自己，并请孩子欣赏歌曲。包老师继续提问"听听歌曲中唱到的，你在什么地方走？""听听歌曲中唱到的，你无论走到哪里都要怎样呢？"巩固孩子对歌曲内容的理解。孩子们已经能够将图片中的内容用自己的语言表达出来。

最后，包老师会将歌曲分成两段，分句教给孩子们。学完儿歌，老师又会向孩子们问一些问题："你平时都在哪些地方走？是谁经常陪你走呢？"这时孩子们的回答多数是跟大人在一起。为了让孩子们对于大人陪伴的安全意识有感性的认识，包老师继续问孩子们："大人为什么总要陪着你走？如果不陪会怎样呢？"

孩子们每每这个时候会安静下来，进行思考。之后，多数孩子会将安全意识表达出来，有的会说："我知道！就像美羊羊一样，不和大家在一起，就会被灰太狼抓住。"轩轩说："外面有坏人，如果不和妈妈在一起，坏人就会把你带走，以后再也看不到爸爸妈妈了。"

六一幼儿院的老师们更加清楚地知道：孩子们的安全教育不仅要让孩子们知道不去危险的地方，不动危险的东西，还要让孩子知道事物和行为的危险性，并引导他们学习面对相关安全问题和解决问题的方法，这样才能从消极地、一味地呵护转变为孩子自发地、积极地自护。

在六一幼儿院，由老师们精心用音乐、儿歌、故事、游戏等形式编辑的各类安全教材不胜枚举。

六一幼儿院的老师还在积极将生活环节中的很多程式向游戏转化，用孩子喜爱的"给蓝精灵穿衣服""为小花猫洗脸""让小金鱼游泳"等游戏，巧妙地进入孩子们吃、喝、洗、睡等生活环节中。

计划课间 10 分钟

六一幼儿院的老师常常和刚上小学的孩子们交流："你们喜欢幼儿园还

是喜欢小学？"

"喜欢小学。"

"为什么呢？"

"因为小学有课间10分钟，我们可以自己安排……"

在六一幼儿院大班已经设计了令孩子们情有独钟的"课间10分钟"环节，这是六一幼儿院为实现大班孩子幼小衔接，让孩子们感受向小学过渡的快乐10分钟。六一幼儿院对课间10分钟的创新更是从孩子们"自主"的意愿出发。

六一幼儿院的课间10分钟是设计出来的。大班孩子们在设计自己的"课间10分钟"计划时会有些问题。

一次，何辰问："朱老师，你能帮我一下吗？"她的问题是："上厕所怎么来表示？"

老师说："想一想，你觉得可以怎么表示？"何辰歪着头想了想说："嗯，对了，可以画一个马桶。"

还没等老师回答，旁边的思思说："你就写个'WC'，多简单呀。"

另一边的菲菲说："老师，你看，我画了一个男孩和一个女孩，来表示厕所的意思，行吗？"

面对这样的自主精神，六一幼儿院的老师多抱以欣赏的态度，并给予赞扬，鼓励孩子们更多的尝试。

到了模拟体验课间10分钟的环节，老师敲铃鼓代表下课铃响，孩子们就开心地做着自己计划的事情。

刘斐然的课间计划了7件事，在课间10分钟模拟环节里，只见他先去上厕所，看到上厕所人多，就自言自语道："我还是先干别的吧。"

接着，他来到图书区，快速地翻看了两页书，这件事就算完成了。他赶紧放下书又去拿折纸，刚刚折了一半就放下了，这件事也算做完了。

之后，他跑到外面去跳绳，跳了几个就不跳了。接着回到班里上厕所，然后洗了几下手就拿起杯子接水喝，一边喝还一边看着表，一看时间快到了，一扬脖喝完水就去找朋友聊天，还没找到聊天的人，铃鼓声响起："上课了"。

老师引导孩子们将这个体验的感受画下来，并特别关注了刘斐然。刘斐然一边画一边擦汗，说："内容太多了，时间太快了，没完成计划，下次少计划些。"

豆豆也没有完成课间 10 分钟的计划。另一位小朋友萱萱一边观看自己的计划，一边用手扇着，气喘吁吁地说："时间太快了！我的计划还没有完成呢！"

"时间"是一个很抽象的概念，10 分钟到底有多长？这些时间用来干些什么事够用？孩子们的亲身感受很少。六一幼儿院的老师干脆大胆放手，把"课间 10 分钟"让孩子自己来支配，给孩子们感性认识。

在老师引导下，老师和孩子们一起讨论：课间 10 分钟必须做什么，适宜做什么，怎样安排更合理。讨论后，孩子们争着说："老师，咱们再来试试吧！"接着，模拟下课和上课的铃鼓声又响了起来。

六一幼儿院在关于"课间 10 分钟"情境教学研讨中一致认为：只有当学生的知识和能力通过自己的体验而发生变化时，学习才称得上是主动的；只有学生自己建构的知识，才能得到迁移，并在实际中运用。"这种体验的教育方式让幼儿在亲身体验中获得收获，比教师直接给予答案，效果会好得多，给幼儿留下的印象也会深刻许多。

健康节日好好过

"五一"又要到了，以往老师在这期间都会提醒孩子注意欣赏美丽的风景，观察劳动者的工作，提醒家长注意孩子的身体。但是，往往在开学回来时，有许多孩子由于节日期间不规律的生活导致身体出现状况，家长们也抱怨孩子在家就生活不规律了。如何让孩子们能把注意身体的健康变成自己的需求，能主动地发展他们的健康意识呢？

朱老师拿着放假单，以自己做"榜样"，对孩子们说："终于放假了，老师可以好好地休息了，我可以想看多长时间的电视就看多长时间，想睡到什么时候就睡到什么时候……"还没等朱老师说完，孩子们就嚷嚷上了："朱老师，那可不行，您的身体该生病了。"朱老师，不能长时间地看电视，要不眼睛就坏了……"于是，朱老师问："老师是大人，都不能这么做，这么做对身体特别不好，那我们小朋友应该如何做，才能让自己的身体更健康呢？"

朱老师以"我的节日想法"来引起孩子们的注意和共鸣，果然，孩子们根据以往的经验总结出了许多需要注意的地方，如班级进行过"保护眼睛"的活动，所以孩子们很快说出了"看电视不能超过 30 分钟"；大班孩子由于要上小学，有了一定的学习意识，所以他们把"每天要学习"也列了出来……

假期之后，孩子们的家长带给老师反馈。

刘子昂的家长：

这种方法非常好，有利于形成孩子的良好习惯，对上学也非常有好处。对家长也是一种启发，假期可以依照这种形式做。

彭爽的家长：

彭爽在家主动照着表格制定的内容做，我们认为这种形式非常好。

彭林阳的家长：

非常感谢老师对孩子的教育付出的辛苦，阳阳以前在家看电视一看就是两个小时以上，现在，每次她都能提醒家长到时间关电视。而且，她每天都能主动帮助爸爸妈妈做事。我们把这张表复印了下来，为以后的假期活动做参考。

后 记

守正出新，爱在四季

2015 年 5 月 8 日，大型雕塑《马背摇篮》在北京市六一幼儿院隆重揭幕。雕塑位于六一幼儿院大门左侧，在不远处玉泉山玉峰塔的衬托下熠熠生辉。雕塑表现的是延安第二保育院经过近三年的行军，即将到达北京，孩子们就要回到毛主席身边的那一喜悦的时刻。主要人物造型源于六一精神的缔造者、传播者张炽昌院长和姚淑平院长。他们将一生贡献给了保教事业，死

后也将骨灰撒在六一幼儿院中，继续陪伴一代代祖国的花朵成长绽放。这是一种什么样的人生态度和教育情怀啊！一个年轻的团队护送一百多个幼儿冒着飞机轰炸，敌情险恶，环境严酷等不可预知的困难，历时近三年跨越三省，行程一千五百多千米，无一减员终达北京。前辈们照顾孩子心细如发，面对危机果敢坚毅，多少次脱离险境转危为安的场景历历在目！

"这组雕塑是对六一幼儿院红色源流的追溯，是对创建新中国保教事业的前辈们的敬礼，更是对建院七十年来所有为六一幼儿院付出心血、传承六一精神的人们的礼赞，是对六一孩子的熏陶！"从刘燕院长手中接过接力棒的曹雪梅院长如是说。

曾担任多年小学教师，历任海淀实验小学副校长。海淀学区党总支副书记、中关村一小书记、中关村三小党委书记的曹雪梅，在小学教育的路上踏踏实实、尽心尽力地行走着，也一路绽放自己的风采。2014 年 8 月，她迎来了人生之路的重大"变道"。北京市六一幼儿院刘燕院长正式退休，院长接力棒传到曹雪梅手中。"跨界"走上学前教育之路，曹雪梅院长紧握六一幼儿院这所历史名园的接力棒，也将传承与拓新置于双肩。

在大自然里教育

上任伊始，曹雪梅院长的心就被六一幼儿院打动了。开阔而丰富、宁静而活泼的环境，悠久、深厚的历史，细致、科学的保教传统无一不令她内心深深触动。更令她感动的是，这里的老师和班里孩子的质朴、热情，他们对六一幼儿院浓厚的感情，一举一动都体现出六一幼儿院的精神和信仰。她迅速融入六一幼儿院的大家庭中，自然而然地与六一幼儿院团队共同行进在六一幼儿院发展的轨道上。

六一独有的自然环境和历史给曹雪梅院长带来了巨大的冲击力，也使她给六一幼儿院凝练了新的理念——爱在四季。"宽阔的空间，园里每一棵大树"，曹雪梅院长每次看到都觉得"有一种生命力，一种厚重感"。"看到孩子们在院子里运动、奔跑、观察、探索的时候最开心、最快乐、最专注。"她开始思考结合现在孩子的探究学习的心理特征，和六一幼儿院老师丰富的学前教育经验，把这些得天独厚的自然环境充分利用起来。延安时期，第二保育

院就提出"一切为了孩子"的口号。直至现在，六一幼儿院一直用多年传承下来的爱和责任坚守这一信念。这里的教师、孩子和这里的环境都散发着纯净与圣洁。每一个时期孩子的需求和发展都不一样，有了爱的前提，然后融入自然，与自然互动，在大自然里教育，促进孩子和谐成长，利用自然材料主动发展。因此，她提出"爱在四季"的理念，希望运用六一幼儿院的特色来发展六一幼儿院的学前教育和文化。

这一理念首先外显在园所文化的进一步打造上。借建院七十周年之际，曹雪梅院长和六一幼儿院团队在原有建设的基础上，整体规划、设计、打造新院所，既凸显六一幼儿院历史内涵，又高度契合现代幼儿发展需求。

凝聚了浓重历史和"六一精神"的《马背摇篮》雕塑是此次园所文化

建设的重要景观。与雕塑相对，在大门右侧，打造了一道以"红色之路"为主题的文化墙，再现了当年的行军路线，并用陕北民间剪纸的艺术形式，呈现了六一幼儿院在保教史上一直沿用到今天的"26个生活环节"。"26个生活环节"的小圆图形中间穿插着六个大圆，展示行军途中的故事——朱德总司令和康克清大姐为延安第二保育院选址、肖桂英救正南、田喜英救汉元、全超叔叔救小三八、姚淑平血润小奶亭，再现了行军中保育员老师们对于革

命后代用生命捍卫的誓言——大人在，孩子在，大人不在，孩子也要在。

"红色之路"的尽头延伸20余米的一道围墙，则成为绿树掩映下的"梦"之墙。这道色彩斑斓的文化墙，是六一幼儿院孩子的绘画作品墙，展示着孩子们多姿多彩的生活和梦想。时常有孩子走到这儿，挺起小胸脯，骄傲地说："看，这是我画的！"

园所文化要更贴近孩子，六一幼儿院将充分利用得天独厚的自然环境，未来把尽可能多的活动课程都挪到户外来进行，让孩子们在嫩绿的小菜苗、杨树的"毛毛虫"花、火红的枫叶、披着绿茵的小山坡……的陪伴中呼吸、生活、玩耍、探秘、成长。院里新种的两棵菩提树让曹雪梅院长十分感慨。种树时，孩子们和老师一起虔诚地培土、浇水。一个小班的孩子说："院长阿姨，我有个建议，立个牌子，写上爱护小树。"曹雪梅院长问："那有的小朋友不识字怎么办呢？"孩子说："我把它画下来好了，可是牌子我不会做怎么办？""院长阿姨可以帮助你啊！""行！"于是，孩子回去后发动班里的小朋友和自己的妈妈，一起实现了愿望。那些小朋友天天都要来看这两棵树。做牌子的孩子特别有意思，说："我要跟小树说悄悄话。"曹雪梅院长问他："小树跟你说什么？你跟小树说什么呀？"孩子说："我说，小树我喜欢你，我要天天来给你浇水，来看你，咱们一起长大。小树悄悄跟我说，谢谢你们，

我爱你们，我要自己好好长大。"刹那间，曹雪梅院长感到自己真真切切地闻到了"爱在四季，在大自然里教育"的芬芳。

"小飞龙"洞开一片天

幼小衔接是家长和社会极其关注的话题。很多幼儿园在大班甚至在中班时期就开设分科教学课程，超前学习知识。曹雪梅院长来到六一幼儿院以后，也有家长和老师向她提议调整课程。她说："六一幼儿院这么多年最值得说的和做的，就是我们这么多年的坚守。"正如学前教育专家冯晓霞所说："六一幼儿院，保育就是她的特色。这么多年，都坚持下来了。"改革和创新也得贴近儿童的需求和发展，幼小衔接，不是体现在多少知识的掌握上，而是要看孩子的能力和兴趣是否适应小学的学习生活。因此，曹雪梅院长十分注重养成教育，注重把语言、科学、艺术、健康和社会五大领域的内容融入一个个孩子感兴趣的主题活动中，通过探究式的合作学习，全方位地培养孩子的生活习惯、运动机能、规则意识、公民素质、合作能力、探究精神、自信品质等，使孩子获得更强的可持续发展力，自然而然地实现幼小过渡。

最令六一幼儿院老师激动的主题活动教育，莫过于旗鼓乐队活动的开展和研究了。音乐课题组老师从 2011 年至 2014 年进行了歌唱、打击乐、音乐游戏等方面的音乐教研及实践，从中得获了心理成熟、专业提升以及团队认知等方面的收获，孩子们也在各种音乐活动中体验着快乐的情绪情感。然而，三年的课题研究再往下推进，以什么切入点推进，大家都没有明确的方向。正在这时，曹雪梅院长引进了专业资源，引导老师们从打击乐入手，提出："要结合六一幼儿院'养成教育'特色，在新时期促进幼儿全面发展的教育内涵，本着'一切为了孩子'的核心教育理念，以幼儿音乐艺术启蒙教育为载体，以激发幼儿音乐兴趣为目标，进一步深入幼儿打击乐活动的探究。"

很快，在全院人员的大力支持下，全体大班小朋友共同参与的全国第一支幼儿行进旗鼓乐队"小飞龙旗鼓队"于 2014 年 10 月正式成立了！由小朋友们自己命名的"六一小飞龙旗鼓队"，寓意着六一幼儿院里的小朋友就像小飞龙一样，具有健康的体魄、良好的习惯和优秀的品质，并在快乐中凝聚无穷的能量，体验成功的喜悦。

　　旗鼓学习往往意味着单调、枯燥、艰苦。然而，在六一幼儿院全体大班老师、音乐课题组老师以及专业老师的共同配合下，旗鼓队的小朋友们在"魔法敲击"排练中，通过"长颈鹿""犀牛""哈密瓜""杧果"等有趣的节奏儿歌，体验着不同声律带来的奇妙感受；通过发现式游戏，寻找自己与大自然的方位关系；通过轮流担任小排头的轮岗游戏，创造学习中的乐趣。

　　2015年4月27日，对于六一小飞龙旗鼓队来说是难忘且激动的时刻。老师们充满自信，带着孩子们在北京市中小学行进乐队比赛中，作为特邀小嘉宾，全国第一支幼儿行进旗鼓乐队正式公开亮相了！"小飞龙"们不仅表现出整齐的动作和精准的节拍，更展现了自信的气质、良好的合作意识和集体荣誉感。而抓住幼儿心理需求，设计游戏式排练，使幼儿在合作学习中获得意志品质的增强、体验成功的乐趣，也让六一幼儿院的老师在课题研究中大开眼界，获得宝贵的专业成长。他们深深感叹："小飞龙"洞开了一片天！

"爱在四季"开辟新天地

六一幼儿院历任院长对贴近儿童需求和发展的保育特色的坚守，对学前教育途径、方法、内涵的拓新精神，在曹雪梅院长身上继续传承。她坚守六一幼儿院固有的专业严谨和教育热情，为六一人营造一种宽松、和谐的氛围，助燃他们探索创新的激情。她鼓励孩子们大胆想象、尽情表现。六一幼儿院的吉祥物"小飞龙"、多彩的"梦"之文化墙等均源自孩子们的创作。她鼓励老师们积极参与院务，大力支持老师们主动探索、研究。园所文化的建设、七十周年院庆五大系列活动——春晖爱·桃李情、赤子爱·宝塔情、同学爱·竹马情、园丁爱·育人情、宝宝爱·亲亲情，无一不饱含着老师们的智慧与心血。常娜老师更是主动尝试创编院歌《六一我的家》，利用自己的业余时间，请音乐专家指导，把曲子用"乐器数字接口"的形式表现出来，又请来国内顶尖的童声合唱团——中央少儿广播合唱团，进行录制，使曲子更加完美地呈现出来。

春晖爱·桃李情

赤子爱·宝塔情

同学爱·竹马情

同学爱·竹马情

园丁爱·育人情

宝宝爱·亲亲情

在"互联网＋"时代，信息技术高速发展，校园网站已不能完全满足信息快速、便捷的传播需求。进一步发展信息化建设，开拓新的培训和宣传路径，成为六一幼儿院的新规划。院庆活动如火如荼地展开之际，年轻教师殷珺尝试创建六一幼儿院的微信公众平台，得到了全院同事的支持。曹雪梅院长鼓励她开拓一个新的优质幼教资源共享的天地。

跨界的尝试，有太多的难题。如何申请认证微信公众平台？如何编辑公众微信？图片如何编辑上传？文字如何调整修改？如何制作出有品质、夺人眼球、赢得阅读者关注的好文章？……殷珺老师向身边所有可能了解此项技术的朋友咨询，向百度、腾讯客服等提出各种各样的问题。忙碌工作之余，她利用深夜的时间学习，研究公共微信平台的编辑功能。为了能够展现六一幼儿院的优质教育品质，她和同事翻遍了资料室里的照片，在文字编辑上反复推敲。经过10天夜以继日的奋战，殷珺老师克服了跨界尝试的一道道难关，于2015年4月12日13:30，北京市六一幼儿院公共微信平台诞生了第一期的内容："爱在四季"北京市六一幼儿院！

第一期问世的12小时中，转发的人群中不只是目前在六一幼儿院工作的老师们，还有曾经在这片红色土地上耕耘过的老教师，目前的六一幼儿院家长在转发，已经离开六一幼儿院的家长朋友们也在转发，哪怕只在六一幼儿院实习过的老师也将信息转发出去。当天下午，凡是有六一幼儿院情结的朋友们都在点赞和转发，六一人的手机被"爱在四季"刷屏了！

六一 我的家

常娜 曲
常娜 词

一位已经退休的教师这样写道：

时光匆匆三十载，青春年华洒六一，喜迎建院七十年，我们大家齐欢唱，六一辉煌我自豪，祝福六一美名扬！

一位在六一幼儿院工作的年长教师这样写道：

爱在六一！根在六一！魂在六一！勤勤恳恳三十几个春秋，有累、有苦，更有美好的回忆！六一七十岁生日快乐！愿六一的明天更加美好！

一位年轻教师这样写道：

这是我工作的地方，一个我引以为豪的地方。今年六一幼儿院将迎来七十岁生日，祝愿美丽的六一幼儿院生日快乐！

一位家长朋友这样写道：

这是我儿子生活学习的地方，在这里，孩子学会了自理、分享和感恩，感谢六一幼儿院的园丁！

在第一期问世的 48 小时中，"爱在四季"点击量达到 8000 人次，关注六一幼儿院微信公众号的人数将近 500 人，关注人员分布在北京、辽宁、湖南、安徽、广东等近 20 个省市和英、美、日等多个国家。

爱在四季，爱在六一，六一幼儿院微信公众平台就像一座桥梁，连接起六一人的心，激发出六一人更多的激情。六一人衷心希望它成长为一座通向更广阔未来的彩虹桥。在桥的这头，六一幼儿院是历史和现代的学前教育典范；在桥的另一头，六一幼儿院仍将是未来的学前教育典范。而这一切，都是为了孩子！